Tit. originale: *When She Is An Asshole.*

Sede legale:
Piazza del Popolo, 18 00187 Roma
Tel. +39 06 36712863

Sede operativa:
via Meuccio Ruini, 74 42100 Reggio Emilia
Tel. +39 0522 272494 - Fax +39 0522 272250
Ufficio Stampa +39 329 4293200

Redazione Roma:
Via dell'Arancio, 137A
00185 Roma
Tel. +39 06 97274019

Il metodo antistronze sul web:
www.ilcannocchiale.it/metodoantistronze
metodoantistronze@gmail.com

info@alibertìcastelvecchi.it

Danny Samuelson

Il metodo antistronze

alibertícastelvecchi

A mia moglie
e alle mie bambine,
stronze dilettanti

Il metodo antistronze

Premessa

New York, gennaio 2009

Cari lettori italiani,

Amo molto il vostro Paese, ma purtroppo non conosco la vostra lingua. Il mio editore italiano mi ha dotato di una mail e di un blog per continuare il dialogo con i lettori del mio libro. Lo ringrazio per questo, ma mi scuso in anticipo, perché per problemi di traduzione potrei metterci qualche giorno in più a farmi vivo. Voglio ringraziare in anticipo tutto il meraviglioso staff della alibertìcastelvecchi, per l'aiuto che vorrà darmi anche in questo caso – oltre ad aver sopportato le mie mille piccole nevrosi da psicoanalista newyorchese che hanno accompagnato la traduzione in italiano del Metodo antistronze.

Buona lettura!

D.S.

www.ilcannocchiale.it/metodoantistronze
metodoantistronze@gmail.com

Introduzione

Fino a oggi avete creduto che le persone più pericolose siano i prepotenti, gli arroganti, gli autoritari e gli ipercompetitivi. In una parola, *gli stronzi*. Giusto? No, sbagliato. Le persone veramente pericolose sono quelle che tramano e cospirano dietro le quinte, e che vi fanno il vuoto intorno. Quelle che vi danneggiano, dicendo che però lo fanno per il vostro bene. Le persone che si impongono, non con la forza ma piangendo, o lamentandosi. Oppure buttando lì una frasetta raggelante, che vi smonta. Quelle che si scusano (un po' troppo) delle vostre stesse disgrazie: «Mi spiace, non ho potuto fare niente per aiutarti». Quelle che nella vostra carriera fanno spuntare semafori rossi dal nulla. In una parola, le persone più pericolose sono *le stronze.*

Questo libro è stato scritto all'inizio per gioco. Poi il gioco si è fatto abbastanza serio da diventare un piccolo manuale di sopravvivenza. Ma mettiamolo subito in chiaro: non è un libro contro le donne, per almeno due buoni motivi. Il primo motivo è che, come vedremo e spiegheremo in più punti, esiste un postulato fondamentale. Non dimenticatelo mai:

✏ *Per essere una stronza non è necessario essere una donna, e viceversa per essere uno stronzo non c'è bisogno di essere un uomo.*

Facciamo subito un esempio. Io sono uno psicologo clinico (nella vita, tra molte altre cose, sono psicoanalista). La mia prima Direttrice di Dipartimento, durante il mio tirocinio come stagista post-dottorato, era un perfetto *stronzo*: era arrogante, aveva un codazzo di allievi e allieve adoranti, pretendeva fedeltà assoluta ma, in ultima analisi, tagliava le gambe a chiunque avesse veramente le qualità per emergere, temendo di essere fatta fuori dai suoi stessi allievi. Era paranoica, dava spesso in escandescenze e trattava male perfino i parenti dei nostri assistiti, il che è sempre odioso in chi fa un lavoro esposto al pubblico, e particolarmente in un Dipartimento di Salute Mentale.

Per fortuna nello stesso Dipartimento lavorava, all'ufficio del personale, un vecchio funzionario, il dottor John McLeod, che aveva visto tutta la storia di trent'anni di avvicendamenti al vertice nella Sanità dell'intero Stato di New York, e con occhio abbastanza disincantato cercava di lavorare ancora quei due o tre anni che lo avrebbero serenamente condotto alla soglia della pensione. Fu McLeod, che mi aveva preso in simpatia, a illuminarmi un giorno: «Vede, Samuelson, la nostra beneamata direttrice non è esattamente una stronza, ma uno stronzo. Un giorno capirà la differenza, che non riguarda il sesso o il genere, ma il comportamento. Purtroppo non esiste una bibliografia clinica in proposito, ma si fidi di me per esperienza. Ci vorrà del tempo, ma mi darà ragione». Da quel giorno, McLeod diventò il mio guru personale.

Quando ebbi la fortuna di cambiare Dipartimento, e diventai Aiuto Reparto in un grande Ospedale, ebbi una prima riprova della validità del "metodo McLeod". Un mio giovane collega, un medico psichiatra ventinovenne, lo chiameremo Bob, era una vera *stronza*. Ma io ancora non lo sapevo, perché, a differenza di un stronzo, che come il buongiorno si vede dal mattino, una stronza è più invisibile di un guerriero ninja.

La prima cosa che fece Bob fu entrare in confidenza con me: furono due settimane di idillio, perché mi illudevo di aver trovato un nuovo amico del cuore sul lavoro. Mangiavamo insieme a mensa, ci prestavamo dei libri di aggiornamento, e inoltre Bob era un bravissimo ascoltatore: avevo dei problemi con la mia ultima fidanzata, Sheila (dopo la quale avrei fortunatamente conosciuto la mia attuale moglie). Bob ascoltava i miei sfoghi sentimentali con vero interesse, mi chiedeva i particolari, aveva sempre una parola di conforto. Avrebbe dovuto insospettirmi tutta questa curiosità per la mia vita privata e i miei punti deboli, ma le mie difese immunitarie antistronza non erano ancora minimamente sviluppate. Passò un mese, confidai a Bob di soffrire d'insonnia e gli dissi che, non riuscendo a trovare il coraggio di lasciare Sheila, avevo addirittura avuto due lievi attacchi di panico. Ed ecco che la stronza entrò in azione: dopo pochi giorni tutto l'Ospedale, fino all'ultima infermiera e all'uomo delle pulizie, sapeva che «il dottor Samuelson è a pezzi, soffre di attacchi di panico», il che non è la migliore pubblicità per un giovane psicologo fresco di studi. Il capo del personale mi mandò a chiamare, chiedendomi se avessi bisogno di un periodo di congedo. Un collega medico mi consigliò di provare dei nuovi farmaci antidepressivi che avevamo al Reparto, e la caposala mi riceveva tutte le mattine squadrandomi dalla testa ai piedi per vedere se avevo le occhiaie marcate, il tremito alle mani o altri segni di instabilità psichica. Quando chiesi a Bob perché diavolo avesse parlato in giro del mio problema temporaneo, per di più ingigantendolo e facendo di me quasi un malato di mente, cascò dalle nuvole e mi disse che:

a) ne aveva parlato solo con una collega, Jessica Reed, e non si aspettava che Jessica fosse così pettegola;

b) non credeva che ci fosse da scaldarsi così tanto, se nel mio ambiente di lavoro si sapeva che avevo dei problemi con la mia ragazza. Forse Jessica era gelosa di Sheila? Avevo una storia con Jessica?

c) se la cosa per me era *veramente* seria, parlarne mi avrebbe solo aiutato: «Non è giusto né corretto nascondersi dietro un dito».

Ecco di cosa è capace una stronza, uomo o donna che sia: creare un problema, ingigantirlo, farlo circolare col passaparola, e aspettare che siate voi a fregarvi con le vostre stesse mani. E, naturalmente, siete voi che, fidandovi, le avete messo tra le mani una piccola palla di neve. La stronza non ha fatto altro che salire in cima al più vicino pendio, e lasciar cadere la palla: rotola rotola, quando la valanga vi investirà, sarà troppo tardi per difendersi. Bob mi aveva costretto sulla difensiva, e adesso ero io a dover dimostrare qualcosa, partendo dal gradino più basso: la reputazione di «giovane psicologo fragile di nervi». La vera ragione del comportamento di Bob mi fu chiara tre mesi dopo, quando si liberò un posto di Ricercatore nel nostro Ospedale. Naturalmente Bob fu scelto al mio posto e diventò il mio capo: carino, untuoso, compassionevole, comprensivo. Io rimasi lì un altro semestre e poi, con l'aiuto di Dio e un piccolo colpo di fortuna, trovai impiego altrove. Altrimenti, la mia vita sarebbe stata un inferno.

Il secondo motivo per cui le donne troveranno utile questo *Metodo*, forse anche più degli uomini, è che le stronze, di ogni tipo e genere, sono le loro peggiori nemiche. I metodi di offesa delle stronze sono una distorsione, una perversione della femminilità, e niente è più implacabile e insidioso che finire nel mirino di una stronza, che sia una rivale in amore, una collega di stanza o un capoufficio suadente e seduttivo, o anche un partner dal comportamento inaffidabile e ambiguo. Chi è la stronza perfetta? È una madre così affettuosa da soffocarti. È una compagna così comprensiva da conoscere tutto di te, compreso l'estratto conto della tua carta di credito. È un collega che diventa il miglior amico di tua moglie, con l'intento di portarsi a letto tua moglie (e, potendo, tua figlia). È la ex che fa di tutto per ricordarti che lei è stata la migliore. O è la migliore amica di tua moglie. È tua moglie. Sei tu. Se una donna ti ama, sei fortunato. Se una stronza ti ama, sei perduto.

Un'avvertenza doverosa, prima di addentrarci nelle pagine di questo *Metodo*: come tutte e tutti saprete, esiste un importante libro di un grande studioso di management dell'Università di Stanford, il professor Robert Sutton, che si intitola *Il metodo antistronzi*. È un grande libro, e ve lo consiglio, ma è completamente diverso da quello che state per leggere. Sutton è un esperto di vita aziendale, mentre io sono uno psicologo. Anche nel mio libro, ovviamente, si parla di «stronze al lavoro», ma come vedrete il lavoro è solo una delle dimensioni in cui possono agire le stronze. Le stronze sono come i Gremlins: hanno potere infestante, si moltiplicano in ogni occasione della vostra giornata, certe volte agiscono a sciami e, quel che più conta, sono una cosa completamente diversa dagli stronzi. Ho dedicato un'intera sezione del libro a spiegare le Differenze Stronzo/Stronza, leggetela con attenzione e capirete. In poche parole: il campo d'azione degli stronzi è, al novanta per cento, il lavoro. Il campo d'azione delle stronze è, a trecentosessanta gradi (e senza scampo per voi), la vita. Secondo voi, chi è più pericoloso?

Su una questione di metodo, però, devo riconoscere il mio debito intellettuale verso il professor Sutton. Così come dentro ognuno di noi, secondo l'Autore del *Metodo antistronzi*, si nasconde un perfetto stronzo, è anche vero che ognuno può trasformarsi in una perfetta stronza. Sutton dice, a ragione, che riconoscere il nostro "stronzo interiore" è il primo passo verso la liberazione. Io sono più pessimista nel mio libro, per la ragione che la stronza che vive in noi, come tutte le stronze del resto, ci mette un po' a uscire allo scoperto. La stronza è più insidiosa, agisce per vie nascoste, tutte le volte che cerchi di incastarla non si fa trovare. Ma se per caso, leggendo gli esempi del mio *Metodo*, vi troverete a dire: «Accidenti, allora sono una vera stronza!», forse siete sulla buona strada.

In ultima analisi, questo è un libro che vuole aiutare le persone a:

a) difendere le donne (e gli uomini) dalle loro peggiori nemiche: le stronze, appunto;

b) difendere le donne (e gli uomini) da se stesse/i;

c) neutralizzare la parte di "stronza interiore" che, volente o nolente, ognuno di noi si porta dentro;

d) individuare e contrastare con degli "antidoti" (esattamente come si fa con i veleni) la componente stronzistica femminile che disturba non tanto le singole persone, quanto le loro relazioni e il modo in cui comunicano.

Un mio collega mi ha chiesto al telefono: c'era proprio bisogno di un metodo antistronze? Il giorno dopo mi ha richiamato: ha scoperto che la moglie gli scriveva delle mail erotiche, fingendo di essere un'altra.

I
La desinenza in -a

Il mio editor italiano, Alberto Castelvecchi, mi ha suggerito il titolo di questo capitolo per spiegare quello che io chiamo "The *She* Factor" [il fattore *lei*, *ndt*]. Come spiegarlo? In parte lo avete già capito dall'*Introduzione*: non stiamo parlando di differenza tra uomo e donna, ma tra lato maschile e lato femminile di ogni personalità. In ognuno di noi albergano una parte maschile e una femminile. Molte teorie della personalità sostengono che una corretta e armoniosa integrazione di questi due piani permette uno sviluppo psichico importante, un buon rapporto con la realtà, delle relazioni con gli altri ricche e costruttive. Ma se qualcosa va storto, cominciano i problemi.

Andiamo ancora più a fondo e parliamo di archetipi: che differenza c'è fra stronzi e stronze? La distinzione giusta è fra due tipi ben diversi di stronzaggine. I cinesi distinguono fra Yang e Ying. Gli studi di Carl Gustav Jung sulla simbologia degli archetipi lo portarono a operare una distinzione fra Animus e Anima.

Per quanto mi riguarda, posso ribadire che la mia distinzione fra Stronzo e Stronza non è sessista, ma ha un fondamento molto solido, in molte teorie antiche e moderne, come pure nella mia esperienza clinica di psicoterapeuta – e nella mia vita personale.

La PARTE MASCHILE di ognuno di noi è quella componente energetica asciutta, aggressiva e assertiva, che quando è bene usata ci porta ad assumere un ruolo attivo nella vita, e così possiamo esprimerci liberamente e far valere le nostre ragioni, fare progetti, conquistare nuovi orizzonti. Quando è male usata, però, si trasforma in un'energia distruttiva, che spinge alla sopraffazione e alla conquista territoriale. È la logica cosiddetta *ad excludendum* – «o lui o io» – è una filosofia che preferisce la gerarchia verticale alle relazioni e agli scambi orizzontali. Per lo stronzo, l'avversario deve essere eliminato: se non fisicamente, almeno simbolicamente deve lasciare il campo e farsi da parte. O almeno sottomettersi. La parte maschile, quando assume troppo peso o piace troppo a se stessa, diventa un problema, una malattia. Se la malattia diventa cronica, ne viene fuori un perfetto stronzo.

La PARTE FEMMINILE di ognuno di noi è quella componente energetica umida, accogliente e pronta all'ascolto, che quando è bene usata ci porta a stringere relazioni, e così possiamo riconoscere l'altro e arricchirci della sua presenza, coinvolgerlo nella nostra vita, migliorare l'ambiente che ci circonda. Quando è male usata, però, si trasforma in una fanghiglia oscura, che trascina gli altri nel suo vortice e avvelena gli ambienti. È la logica cosiddetta *ad includendum* – «non ti libererai mai di me» – è una filosofia che preferisce i lacci dell'intimità alle regole chiare e alle gerarchie. L'avversario della stronza spesso non sa neppure di essere tale. Anzi, nella maggior parte dei casi, l'avversario viene messo nel ruolo ambivalente di amica (o amico) / nemica (o nemico), e tenerlo in gioco senza eliminarlo è necessario, per accrescere il malessere collettivo. Anche la parte femminile, quando assume troppo peso o piace troppo a se stessa, diventa quindi un problema, una malattia. Se la malattia diventa cronica, ne viene fuori una perfetta stronza.

II
Il Teorema della stronzaggine

Esiste una Via femminile, una geometria tutta particolare nella stronzaggine. Praticamente un Teorema:

✏ *Data una distanza tra un punto* A *e un punto* B*, si trovino tutti i punti intermedi per disegnare il percorso che va da* A *a* B *nella forma più contorta, insidiosa, invisibile, imprevedibile.*

Ecco perché anche un uomo può trasformarsi in una perfetta stronza. Non ci sono limiti all'applicazione del metodo più antico del mondo: fai le cose sempre a fin di bene. *Il tuo bene.*

La versione maschile del Teorema invece è:

✏ *Data una distanza tra un punto* A *e un punto* B*, si trovino tutti i punti intermedi per tracciare – se necessario col sangue – il percorso che va da* A *a* B *nella forma più diretta, travolgendo gli eventuali ostacoli e distruggendo ogni resistenza.*

Un'altra certezza matematica che ho raggiunto scrivendo questo libro è la cosiddetta regola del cinquanta per cento. Metà dell'umanità è composta da stronze – sia donne che uomini. Loro non hanno bisogno di leggere questo libro, perché praticamente lo conoscono a memoria, ce l'hanno nel sangue come se l'avessero scritto di loro pugno. L'altra metà dell'umanità... beh, benvenuti nel club dei miei lettori.

III
Benvenuti nella Famiglia Samuelson. Ovvero, tutto il mondo è famiglia

Sono cresciuto in una famiglia ebrea ortodossa di New York, Brooklyn per la precisione, originaria in parte della Polonia, in parte dell'Austria. Alcuni lontani cugini di mio padre erano in Ungheria, e una mia zia seguì a Trieste il suo fidanzato italiano conosciuto durante gli studi a Vienna. Negli anni Cinquanta del Novecento questo vasto e variopinto clan, o meglio la parte che era sopravvissuta alla Seconda Guerra Mondiale e alle persecuzioni dei nazisti, si stabilì a New York, e cominciò a ripopolarsi a una velocità stupefacente, per cui oggi ho una trentina di cugini e parenti in vario grado sparsi nei pochi chilometri quadrati tra Downtown e Brooklyn.

Mio nonno Rav Aaron Samuelson, patriarca riconosciuto della tribù, amava le vaste riunioni familiari che venivano ritualmente convocate per ogni festa, circoncisione, matrimonio. In occasione di ogni Bar Mitzvah [cerimonia che segnala l'ingresso nell'età adulta, *ndr*], soleva ripeterci: «Sapete perché il Signore ha voluto che le donne raggiungessero il Bat Mitzvah a dodici anni e un giorno, e gli uomini il Bar

Mitzvah a tredici e un giorno? Le donne sanno sempre prima degli uomini cos'è che si deve fare, ma hanno la pazienza di aspettare anche un anno e un giorno, finché gli uomini si decidono a farlo».

Mio nonno mi diceva anche: «Una volta scampato ai nazisti, la prospettiva di trascorrere il resto della mia vita con tua nonna Leah mi è sembrata il male minore». E mia nonna rispondeva: «Stai zitto Aaron, se non ti prendevo io come sposo, quelli non ti avrebbero voluto neppure per fare il sapone». Leah era una gran cuoca, molto *datìt* (osservante), ma ora che lei e la beata anima di nonno Aaron non ci sono più credo di poterlo dire: nel suo genere, mia nonna era una stronza. La sua specialità consisteva nel cercare di insegnare a mia madre Elena come badare alle mie sorelle, Ada e Rachele, e successivamente a mia cognata Anna. Io e mio fratello Raul venivamo in qualche modo in sottordine. Le moderne teorie pedagogiche sull'educazione permanente le erano del tutto ignote, ma era come se le conoscesse a memoria, perché per lei ogni occasione era buona, e la sua regola era: gli uomini sono dei poco di buono, e il Signore ha creato le donne per tenerli a bada, condurre la vita domestica e dare un senso alla loro stupida esistenza. Una convivenza quindi non deve essere felice. Deve semplicemente essere lunga abbastanza perché un uomo si stanchi di starti sempre tra i piedi, e trovi quindi molto più attraente andare al lavoro oppure seguire gli affari della Comunità.

Insomma, la perfetta Nonna Ebraica è quella che ti insegna, fin da bambina, a diventare una perfetta Madre Ebraica (vedi oltre, Tipo n. 1). E non c'è dubbio che mia nonna è riuscita molto bene nel suo intento: mia madre, che aveva sposato mio papà Albert innamorata e con le migliori intenzioni, col tempo si è fatta sempre più cupa, arcigna e rimproverante. Mia sorella Ada non ne ha più voluto sapere nulla degli uomini, e oggi fa parte di un gruppo di autocoscienza di lesbiche ebree ashkenazite – che naturalmente si tengono a debita distanza dalle lesbiche ebree sefardite. Rachele mi ha annunciato un anno fa di voler divorziare anche dal secondo marito, un contrabbandiere di origini libanesi che passa tutto il tempo in oscuri traffici tra la Turchia e Israele. Di mio fratello Raul ho notizie due volte l'anno, ma credo che la felicità del suo matrimonio con mia cognata Anna sia dovuta alla saggia decisione di andarsene a vivere a Santa Barbara in California, lontano dalle altre donne del nostro clan. Mia nonna Leah, naturalmente, provò a raggiungerlo anche là, ad esempio proponendogli di trasferirsi in Californa «almeno un paio di mesi all'anno», ma Raul fu irremovibile, e anche io rincarai la dose dicendo che, da notizie certe del Rabbinato di Santa Barbara, Raul frequentava famiglie musulmane imparentate con gli Hezbollah, e quindi era per noi pericolosissimo andarlo a trovare.

Naturalmente, queste schermaglie non riuscirono a fermare nonna Leah dal perseguitare Raul e Anna almeno a distanza, per due buone ragioni. La prima è che, da quando esiste il telefono, le Nonne e le Madri ebraiche hanno un alleato in più. Il telefono sta alla stronza come il lanciarazzi Katiusha stava ai partigiani sovietici. Però non è un'arma segreta, è un arma di massa, democratica e (relativamente) poco costosa. Leah telefonava almeno tre volte a settimana in California, chiedendo notizie sui suoi vicini di casa terroristi e miscredenti, avvertendo che la sua amica Nora aveva detto che Burger King nasconde piccole dosi di carne di maiale nei suoi hamburger di manzo, avvertendo che erano in arrivo l'influenza asiatica, l'avicola, la tubercolosi, suggerendo antichi rimedi kosher per prevenire i pidocchi nei bisnipoti. Credo che, se non fosse morta prima, avrebbe previsto con ragionevole approssimazione lo Tsunami e, soprattutto, avrebbe vaticinato l'avvento imminente del Big One, il Grande Terremoto della California che era diventato uno dei suoi argomenti quotidiani di conversazione. Nonno Aaron diceva sempre a un suo amico italiano di Brooklyn, Giuseppe Randone, che gli italiani avevano inventato tre cose sbagliate: la mafia, il telefono e la mamma. Giuseppe, naturalmente, accettava senza discutere il primato delle due prime invenzioni, ma sulla mamma restituiva sempre la palla al campo avversario.

La seconda ragione per cui nonna Leah era inarrestabile era, per così dire, un postulato universale:

✏ *Nulla ferma una stronza, ma la sua azione non è rigida e prevedibile come quella di uno stronzo.*

Come abbiamo già detto nel Teorema della stronzaggine, la stronza non procede in linea retta, ma serpeggia, si insinua, la sua presenza nella tua vita diventa insistente, come quella musichetta degli ascensori e degli aeroporti che ti segue ovunque, la sua acidità è più costante dei cetriolini con cui si accompagnano gli knoedel e il sandwich di pastrami. Questa sensazione di perennità della stronzaggine, nella versione Madre Ebraica, è ben narrata da Woody Allen in *Edipo relitto*, un memorabile episodio di *New York Stories*: la mamma di Woody continua a manifestarsi al figlio anche dopo la sua morte, apparendo direttamente dal cielo sopra Manhattan, e mettendolo in ridicolo con l'intera cittadinanza della Grande Mela. Diventando quindi una meta-mamma – o meglio, una meta-stronza.

Col tempo, e soprattutto con gli studi di psicologia e psicoanalisi relazionale, avrei imparato che le nevrosi di comunicazione, le piccole e grandi prepotenze e persecuzioni parentali non sono un'esclusiva delle famiglie ebraiche, e soprattutto non sono una caratteristica esclusiva delle donne. Anzi, più vado avanti nella pratica clinica, più mi rendo conto del fatto che «tutto il mondo è famiglia». La Scuola di Palo Alto in California, ispirata da Paul Watzlawick e numerosi altri specialisti, ci ha mostrato fin troppo bene che il problema non sono le persone o le culture in sé e per sé, e neppure i gruppi o i clan, per quanto estesi. Il problema sono i meccanismi di comunicazione, le dinamiche di relazione e i giochi di ruolo.

Anche a distanza di tempo e di spazio, e a differenza di molte condizioni, infatti, osserviamo che le persone sono tutte diverse, ma le dinamiche sono assai simili e riconoscibili, per non dire identiche.

Una mia paziente, Charlotte, quarantasette anni, è la tipica americana Wasp: di famiglia protestante, conservatrice, proveniente dal Minnesota, ha una vecchia mamma contadina la cui unica preoccupazione sembra essere smorzare ogni suo entusiasmo e ogni voglia di vivere. Charlotte era la prima della scuola, ma quando portava a casa i più bei voti della stagione, la madre acida e grifagna le diceva: «Non hai fatto altro che il tuo dovere». Quando Charlotte andava ai balli della scuola vestita da principessina – e non stento a credere che fosse incantevole, visto che è ancora una bellissima donna – la madre le diceva: «Toh, vesti un ciocco di legno, e sembra un fiocco di raso». Nulla sembra fermare l'odio per la vita che può avere una stronza inacidita come la mamma di Charlotte. Pensate forse che una simile madre odi a tal punto sua figlia da volerla uccidere? Neanche per sogno. Evelyne, la vecchia di Charlotte, continua a chiamarla al telefono con commenti sarcastici anche oggi che ha settantasei anni, ed è rimasta sola col marito nel suo amato Minnesota.

Una madre così è come un'edera, come un fungo o un lichene parassita che vive dell'energia dell'organismo ospite, e per nessuna ragione al mondo si staccherebbe dalla sua famiglia. Sono gli altri, per il solo fatto di esistere e di provare dei sentimenti, ad alimentare il suo odio per la vita. Per tre anni ho cercato di insegnare a Charlotte che lei invece si merita di vivere, di essere felice, che se gli altri le fanno un complimento è perché lei è degna di amore e ammirazione: Charlotte è una manager bella, ricca e, a dispetto della stronzaggine materna, ha la gentilezza d'animo di una farfalla. Ma dentro di lei qualcosa è spezzato, e ogni tanto si chiude nel mutismo e comincia a bere. Credo che neanche possedere dieci Rolls-

Royce potrebbe mai guarire la sua ferita d'amore. Le stronze sembrano avverare il pensiero di Eschilo, il tragediografo greco per cui le colpe e le cattive azioni dei padri (e delle madri) ricadono sempre sui figli.

IV

Cominciamo a imparare: le Venti Grandi Differenze fra Stronzo e Stronza

È giunto il momento di entrare nel vivo del *Metodo*. La stronzaggine si può curare? Probabilmente sì, o almeno si può contrastare e isolare. Nella parte finale di questo libro ho inserito alcune considerazioni e suggerimenti più squisitamente terapeutici. La prima cosa da fare, però, è conoscere i mille volti del nemico – che sono davvero mille, e forse più. Nel capitolo successivo conoscerete i Centouno Tipi di Stronza. Qui invece cominciamo dai fondamentali, perché se volete acquisire l'arte dovete imparare a distinguere in profondità tra Stronzo e Stronza.

Ecco come dovete procedere. Prendete un quaderno, e dotatevi di una matita colorata (o di un pennarello o di un evidenziatore fluorescente). Leggete con attenzione le Venti Grandi Differenze tutte di seguito, e sottolineate tutti quei comportamenti che vi sembrano familiari in qualcuno che conoscete. Poi, in seconda lettura, annotate in breve sul quaderno ogni comportamento che vi ha colpito. Prima domanda: riguarda qualche vostro amico o amica? Oppure (siate sinceri) riguarda anche voi? Nei giorni successivi alla lettura, magari tornate ad annotare ogni giorno sul quaderno, volta per volta, degli avvenimenti, o degli incontri che avete fatto durante il giorno, in relazione a *quel* particolare tipo di stronzaggine che avete notato. Annotate anche, senza troppa indulgenza, dei vostri comportamenti che somigliano ai tipi descritti (tutti, ma proprio tutti siamo un po' stronze).

Un'ultima avvertenza: per nessun motivo il vostro quaderno segreto deve cadere in mano al nemico. E comunque, visto che le stronze hanno delle tecniche di spionaggio molto più efficaci del Mossad, proteggetevi: non segnate nomi e cognomi. Neppure con le iniziali. Studiate dei soprannomi, come il Gatto, Voce Torda o Wendy. Usate un linguaggio metaforico e allusivo. Se vi scoprono, negate tutto, dite che sono appunti di un racconto che state scrivendo, in cui il protagonista è una persona un po' nevrotica che vi assomiglia. Perché tutte queste cautele? Perché dovete tenere a mente un Principio Universale:

✏ *Le stronze non perdonano. Mai.*

Capito? Adesso siete pronti. Procediamo.

1. Gli stronzi ti vogliono morto, le stronze ti vogliono vivo. E infelice.

Questa prima differenza, più che una caratteristica, è un vero articolo di fede, e risiede nella natura psicologica tutta particolare della stronzaggine al femminile. Uno stronzo può fartene di tutti i colori senza provare niente, semplicemente perché danneggi i suoi interessi, o perché vuole affermarsi per bramosia di potere. Ricordate la battuta ricorrente nel film *Il Padrino* di Francis Ford Coppola? «Niente di personale, sono solo affari». Ecco, lo stronzo è irascibile, è cattivo, ma il suo odio è sempre relativo a una volontà di potenza e di eliminazione dell'avversario. Una volta che si è sbarazzato di te o ti ha messo in minoranza, passandoti sopra come una macchina schiacciasassi, lo stronzo ha risolto il problema.

Al contrario, la stronza vuole sapere che ci sei. Vuole sentire il battito del tuo cuore, e intercettare i tuoi pensieri. Il suo veleno è ad azione lenta, e non uccide quasi mai. La stronza sa di essere infelice, certe volte sa anche di essere debole, ma questa debolezza le dà una potenza negativa, come quella di un buco nero capace di risucchiare nel suo vortice di antimateria intere galassie. Quando è una personalità superficiale ed euforica (fino ai limiti dell'oca giuliva), la stronza potrà divertirsi a punzecchiarti, farti dei dispetti, far arrivare alle tue orecchie maldicenze sue o di altri. Quando è una personalità astenica e depressa, la stronza ti ammorberà con telefonate, lettere, ramanzine sul modo in cui conduci la tua vita, e su come dovresti essere – è il tipo della "stronza colpevolizzante" – parlerà di te agli amici e alle amiche dicendo: «Non capisco, dovrebbe solo ringraziarmi». Ma in tutti i casi, la stronza per esercitare la sua azione ammorbante ha bisogno della certezza, quasi della certificazione burocratica della tua esistenza in vita. Se tu fossi morto, lei non sarebbe più infelice: sarebbe disperata.

Il mio amico Ariel Delaunay, un agente di borsa ed ereditiero belga, gaudente e spigliata personalità che ha rallegrato molte serate della mia vita, è stato tormentato per anni da una sorella stronza. Primogenita, da bambina Sofia Delaunay si era sentita "detronizzata", rispetto al suo ruolo di principessina e figlia unica, dall'arrivo del fratellino Ariel. Ariel aveva molte colpe, ai suoi occhi – tra cui quella di essere allegro, socievole, insomma felice. Ma la colpa principale era proprio quella di esserci, di essere nato. L'esistenza di Ariel era per Sofia una ferita inguaribile. Curabile? No, cronica. Sofia si era sentita meno importante, e quasi messa da parte, a causa di tutte le attenzioni riservate dai genitori al nuovo fratellino. Aveva elaborato una sua strategia per fronteggiare l'angoscia della privazione d'amore subita: diventare una stronza. Sofia aveva assunto nella vita del fratellino il ruolo della sorella maggiore rimproverante, che ti accudisce con sufficienza per metterti in cattiva luce con mamma e papà. Più che una sorella, una zietta funesta. Quella che ti telefona sempre per prima in caso di incidenti, malattie, decessi in famiglia. Quella che ti coinvolge in infinite rogne, che ti chiede «un po' di attenzione» per le sue infinite disgrazie.

In sintesi, lo schema di comportamento della stronza-zietta funesta è questo: tu non dovresti esistere, ma visto che proprio devi esistere, almeno potresti renderti utile. E dovresti essermi riconoscente, perché non ti ho strozzato nella culla, e perché la tua inutile vita viene nobilitata dalla mia presenza. Infatti, ti nomino mio attendente e aiutante sul campo per aiutarmi in: traslochi, operazioni bancarie, affidamenti di minori pericolosi, mediazioni in dispute condominiali, liti e contestazioni legali, ricorsi contro multe stradali, consulenze professionali gratuite, raccomandazioni e lettere di referenze, aiuto per l'organizzazione delle feste e ricorrenze familiari, in particolar modo con l'acquisto e allestimento di alberi di Natale giganti, ripulitura di soffitte con relativa derattizzazione, costruzione e arredamento di capanni per il giardinaggio, piccole (e grandi) riparazioni domestiche, riparazioni e revisioni di auto, scavo e costruzione di silos in campagna, costruzione e monitoraggio di rifugi antiatomici e antibatteriologici in caso di attacco islamico al territorio degli Stati Uniti. E non c'è scampo: anche se si sposa e mette su famiglia, la sorella stronza sarà sempre parte della tua vita: tu e il malcapitato marito sarete solo gli strumenti (duplici) della sua volontà persecutoria.

In caso di eredità familiari, poderi, case, fondi di investimento, la sorella-zietta stronza chiederà, con argomentazioni compassionevoli, che ogni proprietà della famiglia rimanga indivisa, per poter «prendere sempre decisioni insieme, come avrebbero voluto mamma e papà». Se la convincerai (o costringerai) a una divisione dei beni, dovrai prepararti a dieci lunghi anni di cavilli e distinguo. Sofia era così, e molto di più: la sua energia di instancabile tritapalle era il contraltare dell'allegra esistenza di Ariel, che riusciva a mantenersi saldo di nervi solo grazie al suo incrollabile ottimismo e amore per la vita.

Poi arrivò un colpo di scena: sette anni fa, Sofia morì in un incidente d'auto. Ariel mi chiese di accompagnarlo alla lettura del testamento. Ma non ci fu scampo neanche lì: ventotto pagine dettagliate di rimproveri, di disposizioni amministrative, di indirizzi di lontani parenti emigrati in Australia e scomparsi tra le tribù aborigene a cui far avere modeste somme di denaro, effetti personali, mobili e soprammobili. Il notaio leggeva, e io e Ariel ogni tanto ridevamo fino alle lacrime – facendoci ovviamente una pessima figura. La famiglia Delaunay ha anticipato di mezzo secolo gli effetti della globalizzazione, visto che si trova dispersa ai quattro angoli del pianeta: e infatti oggi sono sette anni che Ariel, unico mandatario delle disposizioni testamentarie dell'amata sorellina defunta, combatte con eredi, dogane, dazi, aborigeni, liti tra cugini assassini e gelosie. Rimproveri dei vivi che si aggiungono a quelli per iscritto di Sofia stessa.

Per incarnare il tipo della sorella-zietta non è necessario essere una vera sorella o zia: quasi sicuramente avete riconosciuto qualche vostra vecchia conoscenza, parentela o amicizia nelle caratteristiche di Sofia, e quindi potete trarne un utile corollario alla legge numero 1:

✏ *La stronza ti vuole vivo sempre, anche quando lei è morta.*

2. LO STRONZO È IL TUO NEMICO PUBBLICO, LA STRONZA È LA TUA NEMICA INTIMA.

Il vostro incontro con la stronza potrà svolgersi in famiglia o nel lavoro, nei media o in politica, ma le cose non cambiano. Esattamente come l'amicizia femminile, l'inimicizia femminile è intima, riguarda e colpisce i vostri lati deboli. Per lo stronzo ogni sfida, ogni inimicizia è pubblica, riguarda le gerarchie e gli spazi di potere, non l'intimità. I ruoli, non le persone o le relazioni, sono importanti per lo stronzo. Lo stronzo può farvi del male senza neppure preoccuparsi di sapere chi siete. La stronza è come i terroristi europei degli anni Settanta: prima di decidere se farvi del male farà una dettagliata inchiesta sul vostro conto. Oppure, come un felino già sazio che guarda pigramente gli altri animali della prateria, la stronza potrà pure decidere di non attaccarvi ora, limitandosi a tenervi sott'occhio per mangiarvi fra un po'. Del resto, anche in questo è più intelligente dello stronzo: non vi guarda per tenervi a bada, vi guarda per conoscervi, oppure vi avvicina per entrare in relazione con voi, e diventa vostra amica. Lo stronzo è nel senso etimologico della parola *aggressivo* (<lat. *ad-gredior*, avanzo, mi slancio in avanti, attacco), mentre la stronza è *ingressiva* (<lat. *in-gredior*, mi introduco, mi spingo in profondità).

La principale caratteristica di questa legge numero 2 sta nella sostanziale ambivalenza e ambiguità, nella stronzaggine femminile, che oscilla tra amicizia e inimicizia, tra buone e cattive intenzioni. La stronza può esserti amica e nel contempo avvelenarti l'esistenza, può amarti e odiarti insieme.

Volendo spiegare questo aspetto della stronzaggine con il linguaggio dello psicoterapeuta, potrei riformulare questa legge così:

✏ *Il lato maschile della stronzaggine è un disturbo del carattere e della personalità, cioè dell'Ego.*
Il suo lato femminile è un disturbo dell'affettività e della coscienza, cioè dell'Io.

3. Lo stronzo è il tuo capo insicuro e arrogante, la stronza è la tua vicina di scrivania, che gli sorride e lo rassicura.

Nelle relazioni gerarchiche e in ufficio, la distinzione fra stronzo e stronza appare subito evidente: lo stronzo va per vie dirette, e anche quando ti danneggia tramite altre persone, fa sempre in modo di lasciare ben visibile la sua firma: un ordine di servizio, un verbale, una promozione o un trasferimento, tutta una serie di atti formali segnano la sua carriera di molestatore e prevaricatore. La sua arroganza è direttamente proporzionale alla sua insicurezza: come sappiamo bene tutti, se uno stronzo non si sente adatto al ruolo e alla responsabilità che ricopre, si servirà della gerarchia e della prepotenza per colmare le sue lacune professionali e umane.

La stronza, invece, va per vie traverse e indirette, e in qualche modo ne esce sempre pulita. Il capoufficio fa una sfuriata perché siete in ritardo con un progetto? Voi magari gli tenete testa e provate a giustificarvi, la stronza invece assume un'aria contrita e remissiva. Due ore più tardi, la stronza e il capo li ritroverete in corridoio, o alla macchina del caffè: credete che parleranno di voi? No, sarebbe troppo facile. La stronza lo farà parlare della famiglia, dell'azienda, di dove ha trascorso il weekend. Il suo messaggio non sarà mai «I miei colleghi Tizio e Caio sono degli inetti, perché sono in ritardo col progetto», bensì «So quanto sei stressato e, anche se sei amareggiato per i ritardi che abbiamo accumulato, sappi che *io ci sono, ti sono amica e fedele*». Di cosa ha bisogno un insicuro? Non di *ricevere rassicurazioni* sul buon andamento di un progetto, che lo renderanno ancor più aggressivo e paranoico, ma di essere rassicurato come persona. La stronza lo sa, e siccome è intelligente (o almeno furba) si comporta di conseguenza. Naturalmente, nel fare questo vi danneggerà, ma sempre per via indiretta, senza metterci la firma e senza atti formali di alcun tipo. Se un bel giorno ci sarà il suo nome sull'ordine di servizio che annuncia una promozione, sarà firmato dal capo e annuncerà la *sua* promozione, quella che avreste voluto per voi.

Le stronze più brave sanno esercitare le loro arti senza esporsi particolarmente: non sembrano delle ruffiane o delle leccapiedi del capo, hanno solo il giusto tipo di attenzione, un sorriso appena accennato, e soprattutto sono delle buone ascoltatrici. Come avete imparato dalla regola numero 2, sono delle buone accumulatrici di notizie e dati intimi, e sicuramente sanno di voi e di tutti i colleghi molto di più di quanto ne sappia il capo del personale. Anzi, volete sapere qual è il colmo? Quando vi troverete sotto schiaffo, verrete apertamente biasimati dai capi, quando subirete del mobbing, lei vi consolerà. Perfino il giorno del vostro licenziamento, la stronza troverà una buona parola anche per voi: «Non lo meritavi, mi dispiace tantissimo, se vuoi sfogarti chiamami».

4. Gli stronzi sono dei bravi solisti, le stronze dei bravi orchestrali.

Su molti direttori d'orchestra circolano voci bizzarre e negative, e questo sembra confermare che la solitudine del genio e del potere comporta grandi luci e grandi ombre. Arturo Toscanini era noto per le sue sfuriate incontrollabili. Di Herbert von Karajan si diceva che non avesse mai apertamente rinnegato le sue simpatie per il regime nazista. Gli istrioni, i mattatori, i direttori d'orchestra sono di solito degli stronzi. O magari sono persone meravigliose, ma se qualcosa va storto possono diventare molto stronzi in un batter d'occhio. Invece, quasi mai i solisti sono delle stronze. Non si possono permettere la riflessività, l'osservazione, la pazienza e la capacità di ascolto che invece caratterizzano una stronza.

Le stronze lavorano molto bene in squadra. Anzi, rimanendo nella metafora musicale, spesso hanno bisogno di sedere nei ranghi dei violini di fila, in modo che la nota stonata che emettono avveleni il lavoro di tutti, senza poter essere attribuita a nessuno, e tantomeno a loro. Un clavicembalo ben temperato produce armonie celestiali, una stronza ben temperata manda in vacca il lavoro di tutti. Quando un capo, un solista, un manager va male e non produce risultati, spesso basta sostituirlo. Ma quando un'intera orchestra va a rotoli, è molto più difficile. Allora si comincia a parlare di produttività, di gestione, di efficacia, di disciplina, di proattività, tutte cose che riguardano quasi sempre i *meccanismi* e i *processi*, e quasi mai le *dinamiche* e le *persone*. Ecco perché una singola stronza, ben mimetizzata in un collettivo, può produrre danni devastanti.

Un mio paziente, per rispetto della privacy lo chiameremo Jerry, è capo del personale di una grande ditta che distribuisce bevande in lattina e altro. Non sembra, ma consegnare bene e in tempo milioni di lattine di birra e Coca-Cola ogni settimana, in un grande Paese industrializzato, può essere difficilissimo, e tutto cospira contro di te, soprattutto se sei un po' apprensivo e paranoide: le intemperie, un guasto a un furgone, un incidente ferroviario, un evento pubblico che richiede una immediata sovrafornitura, un temporaneo fermo delle produzioni industriali di lattine in alluminio. Ma nulla di tutto questo angosciava Jerry quanto *la certezza* che nel suo staff – circa mille persone – si annidava qualcuno che remava contro di lui. «Come i Ghostbusters del film», si lamentava, «dovrò inventare la macchina acchiappa-stronzi». Jerry non capiva perché ogni tanto la grande organizzazione logistica della sua azienda si inceppasse senza preavviso. Gli suggerii, invece di pensare alla macchina acchiappa-stronzi, di dotarsi di "sensori antistronze", cioè di capire se tra i dipendenti vi fosse qualcuno che lo odiava senza venire allo scoperto, o che seminava veleni lungo la catena di comando senza farsi notare.

Detto fatto: dopo due mesi di attento screening venne fuori che uno dei suoi ex venditori, da tempo trasferito all'evasione di ordini, lo odiava a tal punto da inoltrare con leggero ritardo tutte le richieste di forniture straordinarie per manifestazioni politiche, concerti, eventi sportivi. Questo ritardo, che si trasformava in un rallentamento di uno o due giorni nelle consegne a valle, provocava ogni tanto dei "buchi" spaventosi ed era programmato al solo fine di mettere in cattiva luce quelli del reparto logistica, e in ultima analisi Jerry stesso. I clienti erano infuriati, e si rivolgevano a piccoli grossisti di zona o alla concorrenza. E qui sta una lezione fondamentale: spesso gli stronzi non si rendono conto di quello che fanno, anzi li consideriamo tali soprattutto per la loro arrogante inconsapevolezza. La stronza invece – il nemico di Jerry era un uomo, ma questo non fa differenza – sa sempre perché fa o non fa una certa cosa, e per di più opera in modo da nascondersi nella folla.

5. Lo stronzo è credente o ateo, la stronza è religiosa o agnostica.

Lo stronzo, di solito, è semplice: se è ateo, è perché crede troppo in se stesso per credere ad altro. Se crede, è perché è convinto di essere Dio. Il suo atteggiamento verso la religione, come verso ogni cosa della vita, è cieco ed egocentrico. La stronza invece è più sottile e indecifrabile: dice di credere, e si mostra molto osservante, aderisce per così dire alle forme della religione, ma non capirete mai se, quando prega, lo fa con vera convinzione. D'altro canto, non dirà mai di essere atea al cento per cento. Magari, in cuor suo, *si sente* atea. Ma, per un semplice calcolo delle probabilità, ha deciso di lasciare aperta la strada all'imponderabile: se per caso, dopo essere morta, scoprirà che l'Aldilà esiste e si troverà al cospetto di Dio, vuole pur sempre avere la possibilità di giocarsela e fare un accordo in extremis. Così, mentre è ancora in vita, potrà dire di essere "agnostica", e questo le salverà la faccia: il vero agnostico dice: «Dio potrebbe esistere oppure no, solo che io non posso dimostrarlo, e quindi non posso conoscerlo».

Ok, lo so, trovate queste disquisizioni teologiche un po' pesanti. Una mia zia polacca residente in Israele,

Sarah, faceva ancor meglio. Diceva di essere completamente atea, però celebrava regolarmente la cerimonia di Shabbat ogni venerdì sera, ed era sempre presente a ogni ricorrenza in Sinagoga. Quando le chiesero perché lo faceva, rispose: «Mio marito è la causa: non vorrete mica che lo lasci andare da solo al Tempio, potrebbe dire o fare qualunque scemenza». La stronza è flessibile, adattabile: Sarah avrebbe potuto seguire il marito in Chiesa se avesse sposato un cristiano, e in Moschea se avesse sposato un musulmano. Infatti quando il marito, un malcapitato profugo lituano, cominciò a frequentare anche un gruppo di socialisti atei del Kibbutz, Sarah si divise equamente tra Sinagoga e Sezione di Partito. Quando vuole, la stronza è olistica, cioè è totale, onnipresente, ed esercita un controllo indiscusso sul suo compagno di vita. Detta in altri termini, la stronza non ha bisogno di sentirsi Dio, per dominare il mondo: le basta che in Dio ci credano (o non ci credano) gli altri, e lei si comporterà di conseguenza.

6. Lo stronzo non crede nell'amicizia, la stronza (purtroppo) sì.

Di solito gli stronzi sono molto pieni di sé: si piacciono un sacco, vanno dritti per la loro strada e difficilmente si affezionano al punto di stringere vere amicizie. Le stronze invece hanno bisogno di tessere una ragnatela di relazioni affettive, di amicizie soprattutto, e lo fanno con meticolosità quotidiana. In altre parole, la stronza è come Internet, ha bisogno di essere in rete per funzionare, sennò come farebbe a immettere piccoli e grandi veleni in circolazione?

Avere amici e amiche le permette di esercitare il suo vero mestiere, che è di essere stronza appunto, senza distogliersi dalla vita ordinaria: ha amici e amiche sul posto di lavoro, e usa le chiamate, le mail e ogni altro canale di comunicazione per correggere verso il male, verso l'acidità, insomma *verso il peggio* l'immagine del mondo che hanno gli altri. Nel tempo libero, andare al cinema o a cena con amiche e amici le permette di scambiare confidenze malevole. I tempi morti, ad esempio le code davanti a un teatro o i trailer pubblicitari prima di un film o l'intervallo tra una portata e l'altra al ristorante, sono un suo terreno di azione privilegiato. Non parliamo poi dei cocktail, dei buffet, delle cene in piedi, delle inaugurazioni e delle altre occasioni sociali che le permettono di incontrare decine di conoscenti. Qui la stronza abbandona i panni della donna-ragno e si trasforma in abile farfalla, che si sposta da un crocchio di persone all'altro impollinando ogni orecchio con confidenze e passaparola negativi.

La presenza di altre amiche stronze non la indebolisce, anzi: se le stronze sono alleate, si rafforzano e si aiutano a vicenda. Se sono nemiche tanto meglio, perché aumentano le possibilità di maldicenza e odio sottile circolanti. Si può arrivare al fenomeno assai frequente dello *sciame di stronze*, un gruppo di cinque o sei vere e proprie artiste della materia: lavorano benissimo in squadra, con la stessa mefitica efficienza delle iene in caccia, e quando hanno trovato la vittima da spolpare, mentre se ne saziano, possono anche sbranarsi tra di loro per concorrenza, il che aumenta la loro goduria. Le alleanze tra stronze sono infatti mutevoli: se ad esempio una stronza decide di distruggere la reputazione di qualcuno, e voi non la spalleggiate attivamente, improvvisamente potrà trasformarsi in vostra acerrima nemica. E qui devo informarvi dell'esistenza, per la stronza, di un postulato sull'amicizia:

✏ *L'amicizia viene interpretata dalla stronza in maniera distorta, e trasformata nella più efficiente leva di ricatto psicologico possibile: se mi sei amico, o amica, come potresti rifiutarti di aiutarmi?*

Forse vi chiederete: come faccio ad accorgermi se la mia amica (o amico) del cuore è una stronza? È molto semplice: sono mesi, o anni che la conoscete, e la vostra vita non è migliorata. Le avete chiesto aiuto quando eravate rimaste sole, senza fidanzato, e vi ha presentato il fidanzato sbagliato, o addirittura vi ha presentato il suo ex, che disprezzava, pur di toglierselo di torno. Le avete parlato di un vostro problema intimo, e improvvisamente è diventato pubblico (la stronza ovviamente nega sempre di essere lei la fonte di una fuga di notizie). Ma il sintomo certo è che le avete dato ascolto per ore, giorni, settimane al telefono, e chissà perché non vi ha mai parlato bene di nessuno. *Nessuno le piace*, infatti. Neanche voi le piacete, anche questo è un postulato fondamentale, e fareste bene ad aprire gli occhi:

✏ *Se un'amica vi parla solo male di tutti gli altri, dovete avere il fondato sospetto che parli male, con tutti gli altri, anche di voi.*

7. Lo stronzo ama solo se stesso, la stronza (purtroppo) ama solo te.

Diceva Honoré de Balzac, grande narratore francese e conoscitore della civiltà borghese dell'Ottocento, che «le donne, quando non amano, hanno tutto il sangue freddo di un vecchio avvocato». La stronza invece va oltre, perché mantiene tutto il sangue freddo di un vecchio avvocato anche quando ama. Innamorarsi permette alla stronza di focalizzare e trovare finalmente il centro della sua vita. E il centro della sua vita, appunto, siete voi.

Il meccanismo di relazione che si instaura quando una stronza è in amore è del tipo di quelli definiti dal mio caposcuola, lo psicoanalista Paul Watzlawick, "doppio legame": la comunicazione dice il contrario della realtà, ma è sempre organizzata in modo da non essere contestabile. Una tipica richiesta da doppio legame è «esprimiti, sentiti libero, sii spontaneo»: apparentemente non c'è niente di sbagliato in questo invito, ma ovviamente la spontaneità non si può tirar fuori a comando. In amore, un tipico ricatto da doppio legame è questo: «Siccome ti amo e vivo per te, dovresti credere che tutto quello che faccio per te lo faccio a fin di bene, e quindi il tuo bene sono io». Le donne sanno amare con una dedizione e una tenacia indicibile, e spesso si affezionano anche a chi le tratta male e le fa soffrire. Le stronze invece fanno soffrire anche chi le tratta bene. Il loro affetto è un abbraccio totale, e quasi letale.

Samuela, ventinove anni, è una mia paziente lesbica che ha l'abitudine di contrarre relazioni lunghe e vischiose, con donne più grandi di lei, e mediamente stronze. Anni fa una sua compagna, Marlene, quarantacinque anni, ha insistito tanto per conoscermi perché, diceva, «in fondo la terapia relazionale dovrebbe investire tutti gli affetti del paziente, non solo i familiari in senso stretto». Una volta avuto il piacere di conoscermi, la fidanzata "relazionale" cominciò a fare un ping pong a distanza con me, usando come pallina la malcapitata Samuela, parlando in continuazione con lei a casa sull'andamento dell'analisi, dei problemi di Samuela con i genitori, con il denaro, con l'autostima, con il lavoro. La mia paziente era sconvolta: veniva da me il pomeriggio per un'ora, e poi a casa doveva ripercorrere punto per punto la terapia. Mi parlava in continuazione solo di Marlene, e con Marlene parlava solo di me e della terapia: la sua intimità era completamente lacerata dalla presenza di questa fidanzata un po' acida e grifagna, che avendo quasi quindici anni più di lei si comportava come una madre invadente che vuole assumere il controllo totale della figlia.

In fondo qui sta il punto: l'esclusività con cui ti ama la stronza non è mai altruistica. Tutto il gioco consiste anzi nel collocarti al centro della sua vita, riversando ostilità e inimicizia su chiunque ti allontani da lei. Il postulato che chiude questo paragrafo suona come un Comandamento:

✏ *Non avrai altra stronza al di fuori di me.*

8. Lo stronzo parla anche quando dovrebbe tacere. La stronza tace anche quando parla.

Gli stronzi *si sentono furbi*, credono di essere grandi strateghi e parlano sempre a sproposito, oppure dicono sempre qualcosa di più del necessario. Le stronze invece *sono furbe*: parlano, ma la loro abilità consiste nel nascondere in tutto o in parte le loro vere intenzioni. Tenere la lingua a freno è una delle doti diaboliche delle stronze di prima grandezza. Ma non è la sola. La stronza è l'esempio perfetto di quello che in politica si chiama "agenda nascosta": si attacca B per colpire A, si parla di Esteri per lanciare un messaggio sull'Economia, si loda l'alleato per stroncarlo quando meno se lo aspetta.

Per esempio, se una stronza vuole dirvi che A è molto egoista, potrà tessere le lodi di B, C, D ed E quanto a disponibilità: B le ha prestato la casa per una festa, C è sempre disposta a darle una mano, D ha un cuore grande grande, E praticamente è una sorella. Il silenzio su A, presto o tardi, vi sembrerà assordante. Ma dovrete essere voi a fare la domanda fatidica: «Scusa, e invece A? Non ti sembra una persona fantastica anche lei?». «Chi, A? Beh, sì, ma diciamo che ha altri pregi…». Vi sembra troppo complicato? Sentite questa: mia moglie odia, dico odia con tutta se stessa la moglie del Rabbino Amura, Esther, per una vecchia storia di fidanzatini rubati alle scuole medie. Anche questo non dovrebbe stupirvi, perché a questo punto del libro avrete già capito che l'odio dello stronzo dura solo per tutto il tempo del conflitto. Una volta sciolte le ragioni del conflitto, si placa o almeno si stempera. L'odio della stronza, invece, dura una vita, è un sempreverde, un anniversario ricorrente, una tassa perenne.

Ora, siccome gli Amura sono persone piuttosto in vista nella nostra Comunità di Brooklyn, mia moglie non si sognerebbe mai di attaccare frontalmente la potente nemica. Ma, quando fu organizzata una donazione straordinaria per l'acquisto di attrezzature per disabili di una scuola nel nostro quartiere, mia moglie si fece carico della raccolta. A tutte le amiche disse di contribuire con una donazione libera. Le telefonavano riservatamente, chiedendo: «Quanto, all'incirca?», e lei consigliava: «Mah, direi non meno di centocinquanta dollari, ma non più di trecento». Alla signora Amura rispose invece: «La donazione è libera, ma a tutte ho detto di tenersi tra i cinquanta e i cento dollari». Quando la colletta fu ultimata e andò a buon fine, con il montaggio di una rampa elettrica e altre attrezzature nella scuola, ci fu una piccola cerimonia di ringraziamento. Ovviamente mia moglie prese la parola per ringraziare tutte le amiche, che avevano donato «non meno di centocinquanta dollari a testa, alcune anche duecento o trecento». Durante il rinfresco, il Rabbino Amura rimproverò pubblicamente la moglie di essere stata ingenerosa con i suoi cento dollari appena, e fece cenno di voler coprire lui la differenza. Mia moglie, con un sorriso raggelante, fece finta di minimizzare l'accaduto : «No, non è stata ingenerosa Esther, è che *le altre ragazze hanno esagerato*, e non ho saputo dire di no».

9. Lo stronzo vuole tutto e subito, la stronza non vuole mai niente.

A un certo punto non ne potete più. Avete capito che ci sono malattie ricorrenti come l'influenza. Malattie letali, come il cancro o il virus Ebola. E poi ci sono malattie croniche, come la sinusite o l'artrosi cervicale, di cui non vi libererete per tutta la vita, e che vi accompagneranno – con tutta calma – fino alla tomba, attraverso fasi acute, fasi tenui e qualche (rara) fase latente. La stronza appartiene a questo terzo tipo di malanni: è l'ospite fisso, è il lato oscuro, arrivate a considerarla una specie di vostra ombra, un doppio della vostra personalità. Cosa vuole da voi? Un usuraio può perseguitarvi in capo al mondo, e lo farà, ma si toglierà dai piedi non appena gli avrete dato tutto quello che voleva. La stronza no: per esprimerci in termini induisti, tutti abbiamo un carico di colpe e di cattive azioni da scontare in questa vita, che ci vengono dagli errori compiuti nel Karma delle vite precedenti. Tutti abbiamo un debito karmico. Ecco, la stronza è il creditore karmico: arriva nella vostra vita da una vita precedente – che voi non ricordate – in cui sicuramente le avete fatto qualcosa – che ovviamente neppure lei ricorda. È lì, vi si abbarbica, vi si avvinghia e non se ne vuole andare. Chiedete pure: «Cosa vuoi da me?». Riceverete solo risposte vaghe ed evasive, e avrete l'impressione che la stronza applichi con grande disinvoltura una specie di manualetto di conversazione con le risposte già belle prestampate. Ci sono moltissime varianti di queste frasi fatte esemplari, e tutte hanno in comune il fatto di legarvi le mani e mettervi in confusione. Ad esempio:

«Vorrei solo essere capita».
Ed eccovi trasformati da partner in filosofi: cosa mai dovrete capire?

«Io non ti ho chiesto mai nulla».
Naturalmente è falso, ma come sanno tutti i venditori, i cialtroni, gli specialisti di propaganda e i maghi, affermare qualcosa di falso in modo assolutamente sicuro e roboante finisce col renderlo vero, o almeno verosimile.

«Non sei tu che mi dici sempre che vuoi questo o quello? Io non voglio nulla».
Tipico trucchetto, detto del «ributtare la palla in campo avversario». Non sono io / sei tu: non è proprio micidiale, ma è logorante, e serve a tenere alta la temperatura del confronto.

«Se tu mi volessi bene, non avresti bisogno di chiedermi che cosa voglio».
Ovviamente qui il ricatto sentimentale è chiaro: qualunque cosa farete sbaglierete, e questo dimostra automaticamente alla stronza che non le volete bene, e quindi le dà un vantaggio morale su di voi.

«La questione non è cosa voglio o non voglio, il problema è un altro».
E qui prestate bene attenzione: per la stronza il problema è *sempre* un altro, la stronza è come un ballerino cattivo che in una figura a due vi manda fuori passo apposta, per farvi sbagliare: non avete scampo.

«Cosa voglio io non è importante, perché tu tanto non sai ascoltare».
Delegittimazione dell'interlocutore: non ti faccio ascoltare questo disco, perché tanto non lo capiresti.

«Se ti dicessi cosa voglio, ti inventeresti subito mille scuse».
E qui il meccanismo è quello così detto della "sfiducia preventiva" (che come vedete non è un'esclusiva del mondo politico).

«Cosa voglio? Voglio tutto, tranne che tu faccia così».
Altro trucco micidiale di inclusione/esclusione: voglio tutto, tranne tutto quello che fai tu, quindi da te non voglio niente. Gioco dell'oca verbale: si ritorna alla casella di partenza.

«Cosa voglio io? È troppo tardi per chiedermelo: avresti dovuto chiedermelo prima, o dovrai chiedertelo domani quando ti lascerò. Ora proprio no».
Anche questo giochetto sul tempo è uno dei miei preferiti: qualunque cosa facciate, la scelta di tempo sarà sempre sbagliata. Il tempo, nelle mani di una stronza, è come la bacchetta magica nelle mani di Mago Merlino, le permette di fare quello che vuole. Leggete ad esempio questo sublime dialogo, il famoso paradosso della marmellata di Alice, di Lewis Carroll, in *Attraverso lo Specchio*.
«È una marmellata ottima», disse la Regina.
«Tanto oggi non ne voglio».
«Anche se tu ne avessi voluta, non avresti potuto averne», ribatté la Regina, «la regola è marmellata domani e marmellata ieri, ma non marmellata oggi».

«Ma prima o poi ci potrà essere marmellata oggi!», obiettò Alice.

«No», replicò la Regina, «la marmellata c'è negli *altri* giorni; e oggi non è un altro giorno, come dovresti sapere».

So che vi state chiedendo: ma la stronza, in definitiva, che cazzo vuole? Vi avverto, non perseverate in questa domanda, perché non siete uno di quei monaci Zen che a forza di farsi domande assurde pervengono all'Illuminazione. Tanto, anche se la stronza sapesse cosa vuole, non ve lo direbbe. Quindi, rassegnatevi: non lo saprete mai.

10. Lo stronzo è cattivo, la stronza è la cattiveria.

Cattivo, sprezzante, offensivo, lo stronzo attraversa la vostra vita lavorativa o sentimentale pestandovi i piedi senza chiedere scusa. Mente per sedurvi, e spesso simula addirittura di amarvi, pur di ottenere quello che vuole da voi. Per esempio, a volte un capo stronzo vi dirà di «amarvi con amicizia sincera», ovviamente dopo che gli avrete messo sotto il naso un rendiconto trimestrale delle vendite positivo. Potete stare certi che la sincerità della sua amicizia si tramuterà facilmente nella facilità di umiliarvi in pubblico, o di bloccare la vostra carriera, non appena smetterete di essergli utile. Lo stronzo è come uno di quei cani da combattimento addestrati, assolutamente incapaci di fare del bene a chi incontrano: non è colpa sua se è diventato così cattivo, ma è impossibile che si ricordi di quando, in una remota stagione dell'infanzia, anche lui era buono. È, insomma, come un animale completamente condizionato a *fare* il male, ma non sa, o non è capace di *volere* il male.

La stronza – che sia uomo o donna non conta, lo ribadiamo – quando è veramente un'artista nel suo genere, raramente appare cattiva, o almeno fa in modo di apparire cattiva solo ad alcuni, e di farsi molti amici e alleati. A differenza dello stronzo, che agisce su *riflesso* condizionato, la stronza *riflette e medita* con libertà incondizionata. Lo stronzo è schiavo del male che fa, e quindi subisce spesso la conseguenza delle sue cattive azioni, la stronza invece raramente viene allo scoperto compromettendosi, e ama contemplare con filosofico distacco il paesaggio di rovine che ha creato.

Questo avviene perché, come abbiamo appena detto, lo stronzo agisce da immorale, o da irresponsabile, ma non sa neppure di essere un immorale. La stronza sa perfettamente che cos'è la moralità, e sceglie deliberatamente di radicarsi nell'immoralità. La stronza è il libero arbitrio in persona: *potrebbe* farvi del bene, e invece no, sceglie il cammino inverso. Talvolta sceglie addirittura di farvi del bene, cosicché abbassiate le vostre difese, vi fidiate di lei. Insomma, lo avrete capito: nella partita fra il Maestro e Margherita, il Maestro è la stronza perfetta.

Se è vero che lo stronzo si dimentica di essere stato buono, la stronza si dimentica perfino del fatto di essere cattiva: *è* la cattiveria in persona, senza attributi. Una mia compagna dei tempi del college, Lucy, teneva un diario di incontri erotici con vari ragazzi che si era portata a letto, e devo dire che in due-tre anni di onorata attività la sua lista era abbastanza lunga. Un giorno me lo fece leggere, e rimasi stupito: erano tutti, con nomi e cognomi, dei mini-dotati, o avevano raggiunto troppo presto l'orgasmo, o non ci sapevano fare, insomma un disastro. Le chiesi: «Ma di tanti ragazzi, non ne hai incontrato neppure uno decente a letto?». «Oh sì», mi rispose, «molti, ma quelli non valeva la pena di ricordarli per iscritto».

Crescendo e diventando una donna, e poi un'anziana, la stronza affina e perfeziona la sua coabitazione col Male, tanto che non sapresti dire chi dei due, tra lei e il Diavolo, è l'inquilino, e chi il padrone di casa. Lucy sposò un nostro amico di famiglia, Freddy Roadstone, un bravo ragazzo che lavora come avvocato d'affari, e un giorno lui mi confidò di avere scoperto "per caso", in fondo allo sgabuzzino degli attrezzi, un diario erotico di sua moglie che raccontava i tempi del college: i suoi amanti, una ventina, con nomi e cognomi, erano tutti superdotati e/o bravissimi a letto. Quando le aveva chiesto conto del diario, Lucy gli aveva risposto sardonica: «Beh, credevi di essere l'unico uomo che ho incontrato? Piuttosto, dovresti vergognarti tu, che vai a sbirciare i miei diari da ragazza». Naturalmente, evitai di raccontare a Freddy la perfidia del doppio diario tenuto da sua moglie, come pure di confidargli la mia convinzione che il ritrovamento di *quel* diario in particolare, e non dell'*altro*, non fosse affatto casuale. Qualche settimana dopo, però, dovetti consigliargli un buono psicologo di sostegno, perché la sua autostima era, come dire, scesa ai minimi storici.

11. Lo stronzo è caldo, la stronza è fredda.

L'irascibilità dello stronzo lo rende fragile, e talvolta persino prevedibile. Come tutti gli animali a sangue caldo, è dominato dai suoi impulsi aggressivi. Quando invece una persona cattiva, uomo o donna che sia, medita a freddo, e colpisce dopo aver studiato il da farsi, potete scommetterci: siete in presenza di una stronza. Questo non vuol dire, naturalmente, che la stronza non abbia mai emozioni, o attacchi d'ira. La Regina matrigna di Biancaneve potrebbe esemplificare perfettamente quello che sto dicendo: quando lo specchio magico le rivela che no, non è lei la più bella del Reame, naturalmente va su tutte le furie. Ma non è la reazione primaria quella che ci interessa, bensì la cupa freddezza con cui la Regina-Strega escogita i suoi piani per eliminare la fanciulla in modo ingannevole e crudele.

La strategia, il complotto, la menzogna, la vendetta sono tutte arti che richiedono una grande e meticolosa preparazione a mente fredda. Come tutti gli esseri umani, la stronza può perdere le staffe, ma in privato. Prova anche lei delle emozioni, ma alla lunga non può permettersele: se vuole vincere, deve diventare disumana, trasformarsi – questo simboleggia, in fondo, la trasformazione della Regina in una vecchia Strega malvagia.

Spesso il meticoloso lavoro di rimozione delle passioni più calde rende le stronze particolarmente fascinose: tacciono, e la gente pensa che siano esseri superiori, spirituali, profondi. Quando un loro nemico cade, evitano di esplodere in selvagge urla di soddisfazione, e anzi si mostrano pensose («è una cosa terribile, non me l'aspettavo»). Quando vincono, fanno in modo di essere presenti sulla scena del delitto, ma in realtà stanno già pensando alla prossima vittima, quindi appariranno un po' distratte, come degli osservatori neutrali.

Provate a interrogare la vostra memoria: vi è mai capitato di ricevere una cattiveria, uno sgarbo, una vendetta da una persona che non vedete o sentite più da anni e anni? Ecco, se vi è capitato vuol dire che avete sperimentato la tenacia con cui l'odio della stronza sa covare nel freddo e nell'ombra, anche per lunghi anni, e poi colpirvi come un asteroide proveniente da una galassia lontana. Se non vi è capitato, state sicuri che prima o poi accadrà. E la ragione è molto semplice. La stronza non è, necessariamente, una persona a cui avete fatto deliberatamente del male. Può essere anche una persona malvagia, magari piena di invidia per i vostri successi, o una persona seriamente disturbata (vedi il paragrafo successivo). Magari un professore, tanti anni fa, vi ha lodato pubblicamente in un seminario universitario. Oppure avete ricevuto un encomio dal capoufficio, in passato, e neppure voi ve lo ricordate più. Ma la stronza no, lei non dimentica: cose come queste provocano in lei la stessa reazione della Regina con Biancaneve. Capisce, all'improvviso, di non essere la più bella del Reame. E voi, proprio come Biancaneve, non lo saprete fino al giorno in cui qualche emissario della stronza non vi colpirà, o qualcuno non vi offrirà una mela avvelenata. Se quel giorno non è ancora arrivato, preparatevi.

Un'ultima avvertenza: non vorrei sembrarvi esageratamente pessimista, ma considerate che quella fra la Strega e Biancaneve è una partita a due. Mentre le stronze della vita reale, come il Diavolo della famosa parabola evangelica, sono ovunque, sono legione.

12. Lo stronzo è convinto di essere sano, la stronza sa di essere malata.

Lo stronzo è un Narciso inconsapevole, se soffre non sa neppure il perché, oppure pensa di essere un genio incompreso. I pazzi, i malati, i malvagi, per lui sono sempre gli altri. Lo stronzo sta lassù, nel suo Olimpo di Stronzaggine, seduto in Trono come uno Zeus immortale. La stronza invece sa di soffrire, e spesso saprebbe anche spiegarvi il perché. Nei miei lunghi anni di esperienza clinica ho avuto sia pazienti stronzi che stronze. La differenza tra i due tipi in poche parole è questa: lo stronzo può stare pure dieci anni in analisi, e continuare a non capire perché soffre. Anzi, lo stronzo narcisistico perfetto nega perfino di soffrire: sono gli altri che – guarda un po' che cattivoni – gli dicono che c'è qualcosa che non va in lui. Dieci anni di psicoanalisi rendono lo stronzo solo più stronzo, e ancor più inconsapevole. La superficie della sua psiche è liscia come una lastra di marmo di Carrara, e spessa come le mura di una piramide: da qualche parte deve pur avere un'anima, ma neppure un esperto egittologo saprebbe scoprirla.

La stronza è l'esatto opposto: ha un'anima, ma è malata in profondità. La sua psiche è porosa, spugnosa, assorbe per anni energie negative e liquami spirituali di ogni tipo. Soffre, ma sviluppa una qualche voluttà in questa assurda disciplina. Poi, a un certo punto della sua vita, decide di andare in analisi. Vi chiederete: lo fa per conoscersi meglio? No, lo fa per confermare fino in fondo la sua vocazione. La stronza, a differenza dello stronzo che non guarisce mai *perché è inconsapevole*, non guarisce mai *perché è consapevole*. Sa di essere malata, e vuole perfezionarsi, stagionando la sua psiche in botti di rovere invecchiate. Come una cupa Proserpina, la stronza stabilisce il suo Regno nel mondo delle tenebre, nelle viscere della terra. Lo stronzo vola in pubblico, lassù nel cielo, la stronza cova in segreto, quaggiù nella terra.

Se come me siete un terapeuta, potreste un giorno perdere le staffe, dimenticare anni di tirocinio e di deontologia professionale, e dire allo stronzo: «Ma lo sa che lei è un vero stronzo?». Un mio paziente, Ron, un dongiovanni cinquantaquattrenne pluridivorziato e svitato pieno di soldi, se lo sentì dire da me perché, tutto divertito, mi raccontava di essersi «scopato alla grande» la figlia diciassettenne di un suo collega. Quando sentì la parola "stronzo" esplose in una fragorosa risata: la prese addirittura come un complimento, e dopo la seduta dovetti insistere per declinare un suo invito a bere una birra insieme.

Tutto va all'opposto, con una stronza. Una mia paziente, Catherine, mi raccontava di come per otto anni aveva raccolto meticolosamente prove, fotografie di detective privati, ricevute di ristoranti, e tutto quanto potesse un giorno incastrare il suo infedele e ricchissimo marito in un divorzio milionario, facendosi riconoscere dal giudice una valanga di soldi come vitalizio. Naturalmente, anche lei aveva tradito il marito con uguale intensità, ma questo era a suo dire «solo un dettaglio». Quando le feci notare che, in tutta onestà, per questa cosa delle ricevute e delle foto mi sembrava «un po' stronza», mi sorrise con commiserazione, come se mi avesse colto in castagna: «Lo so perfettamente, dottor Samuelson, ma mi dica: crede che io la paghi per dirmi quello che so già?».

13. Lo stronzo è distruttivo, la stronza è creativa.

Avete mai visto un bambino o una bambina quando sono arrabbiati, e spaccano tutti i giocattoli, e danno in escandescenze? Se si ripete spesso, la cosa può essere preoccupante. Quando poi si trascina fino all'età adulta, questa sindrome dell'irascibilità distruttiva si cristallizza nella personalità del perfetto stronzo.
Anche in senso metaforico, lo stronzo è quello che "rompe il giocattolo". Per questo molti leader, molti manager e molti dittatori sono in definitiva degli stronzi al cubo. La loro capacità di rottura violenta degli schemi, unita a una buona dose di spregiudicatezza e pelo sullo stomaco, permette loro di fare carriere fulminanti, ascese politiche travolgenti, accumulazioni di ricchezze a nove zeri. Ma proprio per questo, la caduta dello stronzo può essere rovinosa e devastante. Molti miti greci antichi lo dimostrano: come quello di Icaro, che provò a volare con ali di cera rompendo le leggi della Natura, o di Prometeo che osò addirittura ruba-

re il Fuoco agli dèi. L'essersi spinti in un attimo troppo oltre i propri limiti (i Greci la chiamavano *hybris*) può avere conseguenze gravi. Diceva Friederich Nietzsche: «Bisogna volare abbastanza in alto per essere spezzati dal Fulmine».

A differenza di Icaro, la stronza non casca, o se casca casca in piedi. Anche perché la sua azione non si svolge mai sul piano di un'ascesa verticale, ma di una ragnatela orizzontale, oppure obliqua. Diciamo che la stronza scivola, e se proprio deve cadere, rimbalza.

La stronza è come una Dea greca che prova gelosia e rancore, la sua azione può condizionare per intero il vostro destino, perché saprà organizzare con infinita creatività i tranelli in cui farvi inciampare. Ma soprattutto: la stronza non è come Prometeo, perché *non desidera ciò che non ha*. La stronza i giocattoli non li rompe, li costruisce: usando come materia prima le relazioni, gli elementi, le persone. Ed è un'artista: la sua capacità di trasformazione della materia umana ne fa un fenomeno poco prevedibile e, riconosciamolo, a suo modo geniale. La sua prima regola consiste, questo lo avrete capito, nel non farvi accorgere che vi ha preso di mira. Una volta che vi ha beccato però, userà voi e la vostra psiche come tavolozza con cui dipingere una nuova realtà, come lana per tessere, come plastilina da modellare. Ricordate la frase rituale dei filmetti polizieschi: «Tutto quello che dirai potrà essere usato contro di te»? Ecco, con la stronza è così: solo che non ve lo dichiara e non vi legge i vostri diritti. E non avete neppure diritto a un avvocato (quindi tenetevi ben stretto questo *Metodo*).

14. Lo stronzo vince o perde, la stronza guadagna.

La frase del paragrafo precedente, sul diritto a un avvocato, potrebbe avervi lasciato con l'amaro in bocca. Vi potreste chiedere: e se un giorno, ad esempio per un divorzio o una disputa legale contro una stronza, io avessi bisogno di un avvocato? Anche in questa fattispecie, devo mettervi un guardia. Dopo i primi incontri esplorativi, si applicherà il postulato delle stronze sugli avvocati:

✏ *La stronza diventerà la migliore amica del vostro avvocato.*

La logica maschile porta a concepire la vita come una gara: celebra ed elogia il primo, e mette in ombra i secondi, i terzi, la massa dei partecipanti. Per questo, lo stronzo attacca i deboli, ed è umile con i potenti, e il suo atteggiamento, di solito abbastanza deciso, cambia repentinamente se un vero capobranco gli si fa sotto. Quando poi lo stronzo è un leader, un vincente (cosa che accade molto spesso), la logica del "carta vince / carta perde", aggressiva e piena di adrenalina, discende a cascata lungo tutta la piramide organizzativa.

La logica femminile invece non usa la razionalità dell'"in/out", "bianco/nero", ma la ragionevolezza e l'astuzia che la porta a trarre il maggior profitto anche da situazioni svantaggiose o difficili. Un proverbio taoista dice che bisogna essere come l'acqua, e prendere la forma del recipiente che ci contiene, o della superficie su cui si scorre. Questa massima di grande saggezza, in mano a una stronza, diventa un'arma potentissima.

Lo stronzo è come quei generali che in tempo di guerra hanno gli stivali lucidi e l'incarnato florido quando vincono, e la divisa in disordine e una barba lunga di tre giorni quando perdono. La stronza è come quei contrabbandieri che fanno affari con tutti, vinti e i vincitori, in guerra e in pace.

Per tutte queste ragioni, le stronze abbondano tra i mediatori d'affari, i diplomatici, i mezzani, gli intermediari di ogni genere e grado, e si distinguono per questo: mentre un buon mediatore trae onestamente il suo guadagno, e fa in modo che anche i due contraenti facciano un buon affare, il mediatore-stronza guadagna sempre più del dovuto, a danno di entrambi i contraenti. Mentre un buon mediatore politico è capace di far nascere una pace duratura tra avversari, il mediatore-stronza fa nascere tutt'al più una tregua temporanea: la ripresa delle ostilità infatti gli serve per poter continuare a lavorare, altrimenti rimarrebbe disoccupato.

E questo vale anche per le relazioni sentimentali: se litigate con vostro marito o il vostro fidanzato, la stronza mediatrice sarà la prima a offrirsi per mettere pace, facendo la spola e l'ambasciatrice tra i due litiganti. Molto presto vi accorgerete che il clima tra voi e il partner è migliorato solo temporaneamente, e vi ritroverete con due problemi: il conflitto sentimentale, e in più una stronza che si è insinuata come terzo incomodo nella vostra relazione. E gode ancor di più quando, dopo aver saputo tutto della vostra vita sentimentale e intima, potrà raccontarla a tutto il mondo. Vi ritroverete, come si dice, le mutande esposte in piazza da un giorno all'altro. Chiudiamo con un altro postulato:

✏ *Tra i due litiganti, la stronza gode.*

15. Lo stronzo fa le cose, la stronza le fa succedere

L'attivismo fuori luogo, l'iperdinamismo, un atteggiamento sopra le righe al limite del chiassoso, sono i segni di riconoscimento certi di un perfetto stronzo. La stronza siede quasi sempre in disparte, nelle riunioni prende la parola a fatica, odia gli ordini del giorno, gli scontri frontali e l'azione manifesta. Per spiegare questo principio, ricorriamo a due grandi classici del pensiero strategico cinese, *L'Arte della Guerra* di Sun Tzu e il *Tao-Te-Ching*, che entrambi celebrano il *wei-wu-wei*, ovvero "l'agire tramite il non-agire": grandi eserciti si muovono, immensi territori vengono governati da un singolo reggente, ma egli apparentemente non fa nulla, e ottiene sempre il miglior risultato con il minimo sforzo. La stronza può contemplare per mesi un processo aziendale che va a catafascio, e non dire nulla. Può vedervi andare in rovina, e non fare nulla per avvertirvi. Semmai, a catastrofe avvenuta, si scuserà dicendo: «Nessuno ha chiesto il mio parere». Tradotto in termini più quotidiani: lo stronzo è il capo che vi licenzia, la stronza è quella che vi fa licenziare, agendo il meno possibile e sempre ben al coperto.

Al contrario della donna, che nell'Opera lirica «è mobile, qual piuma al vento», la stronza è *adattabile*, ma riesce a operare muovendosi il meno possibile. La stronza fa succedere le cose, senza farle, con molte tecniche. Il suo repertorio è quasi inesauribile. Vediamone qualcuna:

Se vuole avvelenare coscientemente il clima di un ufficio, comincia a lavorarsi con discrezione, con poche parolette alla volta, la persona più sensibile e nervosa, e procede a un progressivo avvelenamento in lenta espansione. Quando il clima sarà compromesso, sarà la persona debole di nervi, non lei, a perdere le staffe e far scoppiare il conflitto.

Se vuole fare carriera, riuscirà a diventare amica non di uno, ma di tutti i capi, e di tutti i dipendenti, facendo da cinghia di trasmissione di umori e confidenze, ma anche da canale di diffusione non ufficiale, fino alla vera e propria delazione. Alla fine i capi, temendo di essere danneggiati dalla stronza, dovranno promuoverla. Lei non avrà fatto niente, limitandosi a fare da "canale di scolo" di tutti i liquami aziendali.

Se ha poca voglia di fare, riuscirà a mimetizzarsi per anni nella massa, sembrerà sempre l'amica a cui confidare problemi, oppure il collega o la collega su cui fare affidamento se vi sentite un po' giù. Ricordate che però questa sua inattività le consente di avere un'enorme ricettività di informazioni. Non sottovalutatela: la stronza ha sempre un livello, un dettaglio e una quantità di informazioni superiori al vostro. Se sa che sta per arrivare un'ondata di lettere di licenziamento o di trasferimenti, lo saprà sempre prima di voi perché ha un'amica all'ufficio del personale. E saprà anche chi c'è nell'elenco dei malcapitati. Normalmente, quando la settimana nera dei licenziamenti arriverà, lei avrà preso "per caso" una settimana di ferie.

Se ha deciso di concedersi a voi in amore, non solo non aspettatevi che faccia il primo passo, ma neppure il secondo e il terzo. Distruggerà con discrezione le persone rivali, vi farà il vuoto intorno, e poi cadrà "casualmente" tra le vostre braccia.

Se ha deciso di non concedersi a voi in amore, comunque farà in modo di farsi corteggiare per mesi, se ci riesce anche per anni. Perché? Per tre buone ragioni: a) perché è stronza; b) perché mostrare di essere molto corteggiata le permette di apparire più potente al partner (o alla partner) che le interessa davvero; c) perché così distoglie voi dal corteggiare altre persone, e quindi evita di favorire eventuali avversarie.

Se è invidiosa di voi, nella vita, in amore o altro, cercherà di diventare amica di tutti i vostri amici, di essere per loro un punto di riferimento: per quanto possiate sfiancarvi nell'organizzare cene, e per aiutare gli amici in difficoltà, lei sarà sempre un passo avanti.

16. Lo stronzo usa la forza, la stronza usa l'intenzione.

In molte arti marziali antiche e moderne, i colpi vengono portati con una forza devastante, frutto di un allenamento durissimo che può richiedere anni. Nel Karate le nocche vengono indurite come l'acciaio, il corpo diventa insensibile al dolore, e l'energia viene convogliata in una potenza istantanea ed esplosiva. Nel Kung-Fu un complesso sistema di combinazioni fra rotazione del bacino, respirazione, muscolatura e tendini consente anche a persone minute e magroline di fare danni letali.

Nel Tai Chi Chuan, invece, antica disciplina marziale affine al Kung Fu ma molto più enigmatica, il colpo viene portato senza neppure serrare del tutto il palmo, tanto che il pugno semivuoto si chiama "pugno di cotone". La mano affonda in modo elastico nella parte da offendere, e l'effetto è quello di un piccolo sacchetto di sabbia bagnata lanciato contro un muro: per un attimo aderisce come cemento fresco all'obiettivo, e poi si stacca. L'effetto, però, è come quello di un treno in corsa, e la persona colpita può essere sbalzata anche a diversi passi di distanza.

Cosa rende il Tai Chi tanto speciale? Sembra molto semplice, ma in realtà è difficilissimo e quasi misterioso: il praticante di quest'arte non usa mai la forza muscolare, ma l'energia sottile e interiore. Tutti i maestri di quest'arte raccomandano: «Quando colpite, non usate la forza: usate l'intenzione».

I colpi del Tai Chi raramente sono mortali, ma istupidiscono la vittima, la umiliano e fiaccano la sua volontà offensiva. C'è forse bisogno che vi chieda: secondo voi quale arte marziale è più adatta a descrivere una stronza, il Karate che vi uccide all'istante o il Tai Chi, che vi lascia vivi e incapaci di agire?

Solo il potente e l'arrogante, lo stronzo insomma, ha bisogno di un uso costante e ragionevole della forza. Anche in politica si fa spesso una distinzione fra influenza, che è l'autorevolezza e la capacità di farsi ascoltare, condizionando le decisioni altrui, e potere reale, che associa l'influenza a strumenti di azione oggettivi e, più in definitiva, all'uso della forza. Ogni Stato, anche il più aperto e democratico, ha una Polizia e un Esercito armato, ha delle leggi punitive e delle carceri. Non si può, in effetti parlare di reale potere senza considerare la forza – anche quando questa venga usata solo come semplice deterrente.

La stronza no. Non ha bisogno della forza: la sua intenzione è però così totale che alla fine ottiene lo stesso i risultati che si era prefissa. Se opera in politica, sarà così astuta da mostrarsi debole, da far sì che qualcuno sia assuma la responsabilità di usare la forza, ma mai lei in prima persona. E voi, se ormai avete capito come va il gioco, non sottovalutate la morbidezza apparentemente innocua dei suoi movimenti, e la relativa elasticità dei suoi colpi.

E ricordate: la massima efficacia della stronza sta proprio nel saper sempre applicare la sua Legge fondamentale dell'intenzione:

✏ *Quello che la stronza vuole, non ve lo strapperà mai con la forza: glielo darete voi spontaneamente.*

17. Lo stronzo fa i suoi conti, la stronza tiene i tuoi conti.

Come potrete vedere in più occasioni, le stronze sono delle eccellenti intelligenze numeriche, ma non si interessano alla matematica, alla ragioneria o alla contabilità per ragioni professionali. Non sono i numeri in sé a interessare la stronza, ma l'uso che può farne per controllarvi e influenzarvi. In questo paragrafo però, non voglio parlarvi di estratti conto o conti della serva (lo faremo più avanti: Tipo n. 88, *La stronza contabile*), ma di un altro tipo di contabilità, quel *dare e avere*, quel conto utilitaristico dei profitti e delle perdite, che guida tutta la vita di una stronza, dalla culla alla tomba.

Lo stronzo, che come avete capito è una personalità a senso unico, ha una mente dedita in modo costante al suo profitto, al suo vantaggio competitivo. La stronza invece vi osserva, vi valuta, soppesa la vostra capacità di fare amicizie, di trarre profitto e buona reputazione dalle relazioni, e si mette in scia, segue con discrezione i vostri movimenti, e comincia ad alimentarsi: come una balena si nutre di microrganismi, come una rondine si nutre di migliaia di insetti, così la stronza si nutre di informazione. Come il generale saggio dell'*Arte della Guerra* di Sun Tzu sa che un chilo di grano del nemico è più prezioso di mille chili di grano suoi.

La stronza è avida di dettagli: quanto avete pagato quel soprammobile? Costava di più o di meno di quello del negozio accanto? Cosa vi ha detto vostro marito? Ci avete litigato? E perché? Quanti giorni starete in vacanza? Nell'albergo dove andrete, c'è un posto auto al coperto? C'è il servizio in camera? C'è la palestra?

E, se sì, la palestra ha una sauna? E voi, sopportate le temperature della sauna? Sì? No? Avete la pressione bassa o alta? *Quanto* alta, o bassa? Un agente dell'Fbi non saprebbe condurre interrogatori così meticolosi. Fingendo di interessarsi della vostra vita per carineria o pura amicizia, la stronza raccoglie con pazienza per giorni, mesi, anni, una colossale banca dati sulla vostra vita e le vostre debolezze. Lo fa in maniera discreta, ma continua. Lo fa su di voi, sugli altri, sulle altre, su tutto. Di questo colossale lavorio, se a forza di leggere il *Metodo* avete imparato qualcosa, potete accorgervi da un sintomo certo: la stronza si ricorda sempre qualche cosa, su di voi, che avevate completamente dimenticato. Leggete questo dialogo:

«Carino il tuo maglione».
«Ti piace? L'ho preso in saldo da DKNY, era un'ultima serie».
«Quanto lo hai pagato?».
«Cento dollari, era scontato del settantacinque per cento».
«Wow, meno della maglia Prada che hai acquistato sei anni fa, a marzo, dopo che avevi portato tuo figlio dal dottor Stacey per fargli mettere l'apparecchio ai denti, ricordi?».

No, voi non ricordate proprio un bel nulla: vostro figlio non porta più l'apparecchio ai denti da almeno tre anni, il nome del dentista, dottor Stacey, ve lo ricordate due volte l'anno come tutti i nomi che evocano momenti sgradevoli, e soprattutto, questa famosa maglia Prada vi è ignota, dev'essere qualcosa che avete messo un paio di volte, una di quelle maglie nere colpevolizzanti-anoressiche Prada-Style che andavano di moda, appunto, anni fa. La stronza, invece, ricorda tutto. Su richiesta, vi dirà quanto avete pagato la maglia, quante volte l'avete messa e dove, quanto avete pagato il dentista, e se quel giorno pioveva.

La fama sinistra che accompagna molti uomini politici, come l'americano Henry Kissinger o l'italiano Giulio Andreotti, è rafforzata dal fatto che, a quanto si dice, tengono un archivio meticoloso, per decenni, di tutte le persone incontrate, le lettere ricevute, perfino gli scontrini del fioraio o della lavanderia. La stronza fa molto di più, perché tiene un archivio altrettanto meticoloso, ma non c'è nulla di scritto, nessuna prova cartacea. A meno che non lo voglia lei stessa (testamenti, memoriali, interviste rilasciate in punto di morte), la stronza porterà la sua banca dati con sé nella tomba. La stronza è l'ultima rappresentante fuori tempo dei grandi cantori omerici, che tramandavano per secoli interi poemi affidandosi alla potentissima memoria orale. Se vuole tramandare qualcosa, si affida quindi al pettegolezzo e, come la tradizione orale fa con l'*Iliade*, così racconta la vostra vita: ovviamente deformandola, omettendo dettagli preziosi, dipingendola come una serie ininterrotta di cadute, di sofferenze e di errori. La stronza ha un grande senso del tragico, del destino, del transitorio e della sconfitta – della *vostra* sconfitta, è ovvio. Quanto a raccontare tragedie, Eschilo le fa una pippa.

Postulato fondamentale:

✏ *La stronza ricorda tutto: anche quello che voi avete dimenticato. Anche quello che voi avreste preferito dimenticare.*

18. Lo stronzo colpisce i ruoli, la stronza colpisce le relazioni.

Questa affermazione ricorre diverse volte in questo *Metodo*, ed è il caso che la spieghiamo a fondo perché è una delle 20 Grandi Differenze che separano lo Stronzo dalla Stronza. La stronza, quando vuole influenzare la realtà che la circonda, parte sempre dal mondo interiore, mai da quello esteriore. Prendete il caso di Cleopatra, che non fu bellissima, a quanto si racconta, ma fu sicuramente una delle dieci donne più sexy della Storia. Cleopatra aveva già un Impero, ereditato senza troppa fatica come ultima discendente della dinastia decrepita dei Tolomei. E di fatto non fu mai l'unica sovrana dell'Egitto, perché sedette sul trono insieme al padre, al fratello, al fratello-marito e al figlio.

Ora, tutti sappiamo che i generali romani erano gente durissima, avvezza a vedere morte e devastazione e a infliggere castighi crudeli ai nemici. Erano astuti, spregiudicati, sapevano mentire e dissimulare. Come riesce allora Cleopatra ad ammaliare Giulio Cesare, e pochi anni dopo a sedurre anche Marco Antonio – uno dei triumviri che governavano Roma dopo il vuoto di potere causato dalla morte del Divo Giulio?

Cleopatra riesce, applicando un vero capolavoro della stronzaggine al femminile, ad andare a letto non con uno solo, ma con molti uomini tra loro rivali, alimentando il loro odio reciproco a proprio vantaggio. La spiegazione sta nel fatto che, anche se esistono rituali di corte, tradizioni imperiali, protocolli militari, negoziati diplomatici, la stronza in buona sostanza se ne fotte, e va dritta dritta al sodo: sono le relazioni, l'intimità profonda col nemico-alleato, di carne e di anima, ciò che la rende terribilmente fascinosa. Cleopatra riesce a mantenersi ai vertici della politica, a condizionare profondamente la storia di Roma, per diversi anni, in una girandola di colpi di scena e relazioni di alcova. E non è una cortigiana, ma una principessa sovrana, che riesce a mantenere il suo traballante trono stringendo mille tipi di relazioni diverse col mondo maschile.

Cleopatra era una stronza? Non necessariamente lo era, anche perché i nostri parametri morali non sono necessariamente quelli di una nobile egiziana di duemila anni fa. Ma è indubbio che, quando vuole avere qualcosa, o difendersi da un nemico (vero o potenziale), la stronza analizza attentamente la rete delle amicizie e delle inimicizie intorno a una persona, ne studia i punti deboli e i desideri, e poi muove su quelli, proprio come Cleopatra. Non le interessa prendersi il ruolo che ricoprite, le interessa cosa può ottenere da voi, e semmai vi scatenerà contro il vostro peggiore nemico.

✏ *Lo stronzo vuole il Potere, la stronza desidera la Potenza.*

✏ *Allo stronzo interessa l'Impero, alla stronza l'Imperatore.*

19. Lo stronzo commette, la stronza omette.

Una mia stimata collega, di cui non farò il nome, evita di invitarmi come oratore in tutte le conferenze e i seminari che organizza. Però cita spesso e utilizza come materiale didattico alcuni miei lavori scientifici. Un mio collega e comune amico le ha chiesto: «Ma visto che citi sempre i lavori di Daniel Samuelson, perché non ce lo fai incontrare di persona?». La risposta è stata: «Ci ho pensato a lungo, ma ho deciso di no. Danny è meglio a distanza, che di persona». Il mio amico le ha fatto notare che invece, in tutto l'ambiente, io sono considerato un brillante e piacevole oratore. Pronta anche la replica: «Mettiamola così, allora: diciamo che *io sono meglio*, a distanza da Danny».

Per esprimere la sua natura, alla stronza non serve commettere un'azione clamorosa: basta *non compiere* un gesto o un atto dovuto, senza dare nell'occhio più di tanto. Se proprio di un reato si tratta, soprattutto nelle situazioni professionali, sarà appunto un reato d'omissione. Il dominio psicanalitico in cui regnano le stronze è, senza dubbio, quello dell'atto mancato, della dimenticanza, del lapsus. Con una differenza: il paziente dello psicoanalista ha una dinamica di atti mancati, perdita di oggetti, dimenticanze o lapsus senza rendersene pienamente conto. I lapsus della stronza invece sono sempre intenzionali, anche se passano inosservati.

Rupert è un mio paziente, fa il direttore delle vendite nella filiale di una grandissima catena di distribuzione. Moglie, due figli, un buono stipendio. Nel suo staff c'era un certo Jeff, una figura abbastanza grigia e poco appariscente, uno nella media, nessun picco di rendimento ma neppure exploit negativi. Ora, in quell'azienda chiunque, dall'addetto alla sorveglianza al direttore generale, dai clienti fissi ai curiosi di passaggio, può inserire suggerimenti e commenti in una speciale cassetta che si trova a ogni piano, con una di quelle scritte amichevoli tipo «Aiutaci a migliorare il nostro servizio». Jeff era, appunto, l'addetto allo svuotamento di quella cassetta e all'inoltro delle schede alla sede nazionale, contrassegnate dal giorno, dal piano e dal relativo reparto vendite. Per vent'anni l'azienda ha assegnato, in tutto il territorio nazionale, un premio annuale in denaro di quindicimila dollari al miglior direttore di filiale, sulla base dei buoni commenti ricevuti nelle schede. Ma il mio paziente Rupert, che lavora durissimo ed è fissato con l'assistenza ai clienti, non ha mai ricevuto neppure una menzione o un encomio.

Un bel giorno, un addetto alla sicurezza che aveva lavorato per anni in molte altre filiali gli ha fatto notare che i plichi con i commenti dei clienti partivano per la direzione nazionale assai di rado, ed erano stranamente molto leggeri. Dopo mesi di ispezioni, fu svelato il trucco: Jeff leggeva meticolosamente ogni commento, ogni suggerimento, ogni elogio e ogni lamentela, e ometteva tutte le note positive, lasciando solo quelle negative, ben mimetizzate in consigli generici sulle luci al neon nei camerini o sulla disposizione della maglieria sugli scaffali. Così, il quadro di fondo della situazione appariva grigio, ordinario, persino un po' squallido, e a nessuno sarebbe venuto in mente di suggerire Rupert per il premio "Filiale Amica".

Come finì questa storia poco edificante? Finì che Jeff riuscì a cavarsela per il rotto della cuffia: era stato troppo bravo a distruggere le prove, cioè le centinaia di lettere positive che aveva omesso di inviare ogni anno. Rupert tentò di licenziarlo in tronco, ma il magistrato gli diede ragione e fu reintegrato in azienda. Fu trasferito in un'altra città «per incompatibilità ambientale», e sicuramente adesso starà distruggendo la reputazione di qualche altro collega, collaboratore o superiore. *Omettere* è molto più eccitante che *commettere*, per una stronza, e se riesce a farla franca diventa recidiva, e si trasforma in una *serial-stronza* (vedi oltre, Tipo n. 68).

20. Lo stronzo può essere usato da una stronza, ma non viceversa.

Siamo giunti alla fine delle Venti Differenze fondamentali, e a questo punto ne sapete molto di più. Forse non condividete al cento per cento quello che ho detto, ma sono certo che avete notato che molti aspetti della vostra vita sono assolutamente simili agli episodi e agli esempi citati. Ora, prima di passare alle sezioni successive, dobbiamo rendere omaggio alla stronza – perfino alla parte di stronza naturale nascosta in ciascuno di noi. Nella vita affrontiamo avversità, prendiamo e diamo colpi, e qualche volta ci salviamo da un ambiente ostile solo facendo uso di una certa dose di stronzaggine. Ma è indubbio che la quantità di stronzi e di stronze che ci circondano è tale che le nostre forze appaiono impari e, per una cosa stronza che magari facciamo noi, ne subiamo almeno una ventina in più. La legge di reciprocità della stronzaggine assomiglia alla Pena del Contrappasso dell'*Inferno* di Dante Alighieri, solo che troppo spesso la pena è esagerata. Come, che so, se voi deste uno schiaffo a uno, e quello vi rispondesse sparandovi con un bazooka.

Chiediamoci allora: visto che per forza o per amore li dobbiamo subire entrambi, sono più pericolosi gli stronzi o le stronze? Riflettendo bene, lo sono entrambi, anche se in tempi e in modi diversi.

La stronza, però, ha sempre un'arma in più: anche quando ha esaurito tutti i suoi stratagemmi, anche se si trova in difficoltà perché non riesce a capire come fottervi – il che è raro – può sempre scatenarvi contro uno stronzo. Lo farà per un tempo limitato, per non correre il rischio che lo stronzo vi elimini del tutto. Le servite vivo, ricordatelo. Farà così, piuttosto, per saggiare le vostri doti di carattere e di combattività, per esaminare meglio i vostri lati deboli quando siete sotto stress. Lo farà per conoscervi.

In ufficio, qualcuno vi contrasterà durante una riunione. Non sapete che la stronza gli ha parlato due giorni prima, mettendovi in cattiva luce. In un'attività sportiva, l'allenatore vi griderà dietro «Per Dio, muoviti Samuelson, sembra che tu non abbia dormito stanotte!». E come fa l'allenatore a sapere che stanotte non avete dormito? Se siete una persona pubblica, o fate politica, potrà capitarvi che un giornale vi attacchi mescolando verità e menzogne spudorate, sulla base di un dossier – la cosiddetta "polpetta avvelenata" – fornito *da amici di amici* della stronza. Se la stronza è la (o il) coniuge, quando siete al ristorante riuscirà a farvi litigare con il cameriere, quando siete in vacanza riuscirà a farvi venire alle mani con il bagnino, l'istruttore di sci, il posteggiatore.

E poi, quando le cose si mettono male… la stronza verrà in vostro soccorso: fermerà la mano del boia un attimo prima che voi siate spacciati. Ha visto quello che doveva vedere: le risse non la divertono, le danno tutt'al più un piacere cupo e gelido, ma non permetterebbe mai a nessuno di far fuori la sua vittima, cioè voi. Voi siete il suo giocattolo preferito. La stronza è come una Penelope al contrario: ricuce di notte gli strappi che gli stronzi hanno causato di giorno. Ed è sempre lei, giorno e notte, a controllare il telaio della tessitura.

La stronza si aspetta la vostra riconoscenza per avervi salvato, ma il suo salvataggio ha sempre uno scopo. Postulato:

✏ *La stronza è come il Settimo Cavalleggeri. Arriva a salvarvi in extremis, e subito dopo occupa il territorio e impone la sua legge.*

IV
È possibile una terapia antistronze? Cento tipi di stronza (più uno)

Tutti noi sappiamo che per non prendere le malattie dovremmo fare una vita equilibrata, non fumare, mangiare poco e solo cibi sani e poveri di grassi e… insomma non continuo, il tema è quello consueto del «prevenire è meglio che curare». Poi però conosciamo anche persone salutiste, che per una vita non hanno fumato o ecceduto, e si ammalano lo stesso, di cose più o meno gravi. Con le stronze è la stessa cosa: potete prevenirle, starne alla larga, leggere questo libro tre volte di fila, ma è inevitabile che prima o poi vi si mettano in scia, e vi colpiscano. Ce ne sono troppi tipi, sono troppo furbe e soprattutto si riproducono, al pari delle zanzare tigre o dell'herpes, in ogni tipo di clima. Le stronze sono come la «sfiga», la «merda» del film *Forrest Gump*: semplicemente, accadono («shit happens», la merda ti succede, è uno dei motti preferiti di Forrest).

Cosa possiamo fare? Sono stato tentato, all'inizio di questo libro, di indicare una Grande Strategia Antistronze. Ma, per quanto io mi sia sforzato di trovarla, questa strategia non esiste. Le stronze sono come il Viet Cong, o come il terrorista che mette in scacco anche gli eserciti più potenti con una guerra asimmetrica. Non potete vincerle con una guerra. Potete però contrastarle, e fiaccarle, con una continua guerriglia.

Qui di seguito ho preparato per voi un elenco di cento (più uno) tipi di stronza: contiene maschi e femmine, straight e gay, colleghi e capi. Ce n'è per tutte le evenienze, e per ognuna ho suggerito un antidoto. Ma fate attenzione: dove ho scritto «più uno» avrei potuto scrivere «più x», o «più n»: io stesso, che da qualche anno studio la stronzistica al maschile e al femminile, fatico a vedere i confini di questa immensa disciplina.

Se non ho una Grande Strategia, cosa posso offrirvi come colpo d'occhio generale? Forse un eccellente consiglio: per combattere le stronze bisogna conoscerle, studiare le loro mosse, pensare come loro. Il gesuita frequenta i peccatori, e anche se sa che non può convertirli, almeno li conoscerà a fondo, e così conoscerà se stesso. Lo so, la condotta del gesuita, specialmente se consigliata da uno psicologo ebreo, suona un po' assurda. Ma è l'unica che ho trovato efficace. Se ne avete di migliori, potete scrivermi agli indirizzi che ho indicato nella *Premessa* del libro.

1. La madre ebraica

Data la mia famiglia e la mia provenienza, è naturale che io riservi alla madre ebraica il primo posto. Esiste una vastissima letteratura sulle madri ebraiche, a cui vi rimando volentieri. Mi limito a ricordarvi i principi fondamentali: per essere una madre ebraica, non è necessario che tu sia una madre, e neppure che tu sia ebrea. A ben vedere, non è neppure necessario che tu sia una donna. La madre ebraica è una modalità di relazione, ben descritta da Paul Watzlawick nel suo *Istruzioni per rendersi infelici*. Anche tuo marito, una tua amica, la tua fidanzata gay può essere una madre ebraica.

Ecco come funziona: la madre ebraica è quella che ti regala due maglioni, uno rosso e uno nero. Tutto felice, il giorno dopo indossi subito quello rosso. E lei, con aria disperata: «Ma come, quello nero non ti è piaciuto?». La madre ebraica è il più potente sistema di controllo e condizionamento psichico mai inventato dalla mente umana. Ogni bambino vuole, in fondo, essere amato, e per questo desidera con tutto se stesso far contenta la mamma. Ma nella madre ebraica questo desiderio è continuamente frustrato: la mamma non è mai contenta. Mai. Nulla di quello che farete o direte andrà mai bene. C'è sempre l'altro maglione, quello nero, in agguato. Il paradosso della madre ebraica consiste nel tenervi in scacco: vi vuole bene *anche se voi non andate bene* e siete inadeguati. Vi vuole bene nonostante tutto. Nonostante voi.

Un vecchio proverbio Yiddish dice che Dio, non potendo essere ovunque, inventò le madri per essere ovunque. Questa spiegazione teologica non mi ha mai soddisfatto del tutto: Dio, ovviamente, *è ovunque e vede tutto*. Il problema è che voi non vedete Lui. Allora Dio ha inventato questo stratagemma: l'onnipresenza rimproverante della madre ebraica è come un reminder, un segnalibro, un post-it che segna tutta la vostra vita, ed è la prova visibile dell'esistenza di Dio. D'altro canto, Dio a ben vedere è la prima Madre Ebraica, ed è eterno. Come ve lo spieghereste, altrimenti, l'episodio di Abramo e Isacco? Dio comanda ad Abramo di sgozzare Isacco per offrirglielo in sacrificio. E poi (dolcetto o scherzetto?) gli dice che no, era solo un modo per metterlo alla prova. Detto questo, non voglio spingermi oltre, perché potreste dire: Daniel Samuelson, empio bestemmiatore, pensa che Dio è una... no, non lo penso. O meglio, un paio di volte l'ho pensato, ma mi sono sentito così tanto in colpa che ho rimosso subito tutto. Un teologo cattolico che per poche settimane fu Papa, Albino Luciani (1912-1978), osò dire che «Dio è più Madre che Padre», e pare che proprio per questo fu ucciso per avvelenamento. Non vorrei fare la stessa fine.

Però, certamente, Dio è l'Autore supremo, Lui sta alle madri ebraiche come Michelangelo sta alla Cappella Sistina: le ha create, Lui, a Sua immagine e somiglianza, distribuendole in parti uguali fra uomini e donne. Ma sicuramente se ne è pentito subito.

✏ *Antidoto*: Mi dispiace. In questa sezione troverete cento tipi di antidoti, o almeno di farmaci (ok, anche qualche placebo, lo ammetto) per tutti gli altri cento Tipi di stronza. Ma la madre ebraica non si batte. Se le dite di sì, siete fregati. Se le dite di no, siete fregati lo stesso. La madre ebraica è la creazione più raffinata di Dio, è il sacrificio di Isacco, è dentro di voi. La madre ebraica siete voi.

Ormai avrete capito il gioco: per essere una madre britannica non c'è bisogno di essere né una madre, né un'inglese, né una donna. Anche questa è una modalità di relazione, e la chiameremo "modalità anaffettiva evitante". La perfetta madre britannica è al vostro fianco, vive con voi, fa tutto quello che una madre – o una fidanzata, o un marito, o un collega – deve fare. È inappuntabile, non dimentica nulla, aderisce alle convenzioni sociali, alle ricorrenze, agli obblighi familiari o professionali come un francobollo a una busta. Ma fa tutto questo senza la minima affettività. La madre britannica è figlia di una tradizione. Cento generazioni di madri britanniche l'hanno preceduta, trasmettendo il principio di base: controlla le tue emozioni. Non mostrarle. Semmai reprimile. E il principio funziona. Solo che, a forza di controllare le proprie emozioni, si finisce per non provarne più alcuna.

La madre britannica non sorride, tutt'al più fa una smorfia malinconica di convenienza. La sua stretta di mano è inesistente, la sua ironia è raggelante, fredda e tagliente. Chiedetele se vi vuole bene, e vi risponderà: «Diamine, che domande, certo che ti voglio bene. *Sono tua madre*» (oppure: la tua fidanzata, il tuo amico, eccetera eccetera). Da questa risposta si evince facilmente il seguente principio: *la madre britannica è l'unico tipo di stronza che usa il potere formale del ruolo, invece della relazione intima*. È quasi uno stronzo, solo che non è arrogante e invadente. È solo distante.

✏ *Antidoto*: Johnny Rotten fondò i Sex Pistols e, insieme ad alcuni milioni di ragazzi inglesi, attaccò direttamente la Regina di tutte le madri britanniche, la Regina Elisabetta in persona, con *God Save The Queen*. Per sfuggire alla madre britannica hai solo questo strumento: sii Punk, sii marcio, mostrati riprovevole, solleva qualche scandalo. Vai a un ricevimento con lei, e di' alla sua migliore amica: «Signora, lei ha delle gran tette, da ragazza a letto doveva essere una porca». La madre britannica, prima o poi, ti lascerà andare. Sarà dispiaciuta? No, sarà «costernata». La madre britannica, in sostanza, detesta gli scandali. O meglio, li ama nelle famiglie altrui, ma nella sua la terrorizzano. Ricordalo: uno scandalo in famiglia è il suo unico punto debole.

3. La madre tedesca

La madre tedesca ti regala due maglioni, uno rosso e uno nero. Il giorno dopo, tutto contento, tu indossi quello rosso. Prima che tu esca di casa ti ispeziona con attenzione, ed emette il seguente Regolamento sull'Uso dei Maglioni:

1. Si può usare il maglione rosso, che è nuovo, solo un giorno a settimana, altrimenti smetterà presto di essere nuovo.
2. In alternativa, si deve usare il maglione nero.
3. Il maglione nero può essere usato due giorni di seguito, perché il nero si sporca di meno. In alterna-

tiva, ritornare al maglione rosso solo dopo una rigorosa rotazione con gli altri cinque maglioni non-nuovi.

4. Il fatto che il nero si sporchi di meno è solo apparente, è una questione cromatica.

5. Per evitare di impuzzonire entrambi i maglioni, nero e rosso, dovete osservare rigorosamente alcune regole di igiene (segue un Regolamento sull'Igiene in dieci punti, che vi risparmio).

6. Evitate di pavoneggiarvi troppo con il vostro nuovo maglione, la gente potrebbe pensare che avete soldi da buttare dalla finestra in maglioni.

7. Grazie a questa scientifica rotazione, il maglione nuovo rimarrà nuovo per ventiquattro mesi, dopodiché diventerà seminuovo, dopodiché diventerà non-nuovo. Qualunque strappo, danneggiamento o rammendo applicato prima dello scadere dei ventiquattro mesi, verrà considerato colpa grave, e verrà addebitato con trattenute sulla paghetta settimanale…

Con la madre tedesca, anche un regalo è un'occasione per contrarre degli obblighi e compiere dei doveri. Vi risparmio il resto. Vi basterà sapere che esistono Regolamenti simili a quello sui maglioni nuovi per tutto lo scibile: uso e disinfezione degli spazzolini, turni per scuotere il tappetino poggiapiedi fuori dalla finestra senza disturbare il condominio, orari per la colazione, per il rientro a casa, per le gite. Se il vostro coniuge è una madre tedesca, vi lascio immaginare le gioie del sesso coniugale. Anche il testamento della madre tedesca contiene alcuni consigli su come scongelare i surgelati, prima di disinfettare il surgelatore, almeno due volte l'anno.

Fra tutti i giovani del mondo, i tedeschi sono quelli che escono di casa e si rendono indipendenti più velocemente, tra i sedici e i diciotto anni. Lo fanno, indubbiamente, per sfuggire alla madre tedesca. Ma ormai è troppo tardi, hanno ricevuto un imprinting inesorabile. Finché sono giovani, per sottrarsi alle Regole, fanno sempre qualcosa di smodato ed eccessivo: bevono birra fino a collassare, si fanno piercing dolorosissimi, vivono in centri sociali freddi e umidi. Ma appena crescono, sentono la nostalgia delle care, vecchie Regole. Il novantanove per cento di loro mette su una perfetta famiglia tedesca, e il cerchio si chiude. O meglio, ricomincia.

✏ *Antidoto*: Non la contrariate più di tanto, se non volete risvegliare in lei la Psicopoliziotta (vedi oltre, Tipo n. 6). Fate mostra di osservare i suoi Regolamenti alla lettera, ma inserite sempre qualche errore, qualche dimenticanza o "bug di sistema". Appena qualcosa si inceppa, la madre tedesca diventa durissima. Poi però va nel panico: lei crede nella perfezione delle Regole: se qualcosa non ha funzionato bisogna subito capire perché. Queste routine di controllo e verifica la terranno impegnata per un po', dandovi un po' di respiro fino all'emissione del prossimo Regolamento.

4. La madre mediterranea

Come ogni stronza che si rispetti, la madre mediterranea ti vuole vivo. Quindi ti riempie di cibo, di affetto e di mille altre attenzioni che, usate in eccesso, un giorno potrebbero ucciderti. Ma quel giorno è molto lontano. Vediamole:

a) A differenza dei tre tipi precedenti di madre, poco o nulla affettivi, anzi un po' aridi e grifagni, la madre mediterranea usa l'affetto: un affetto traboccheVole, invadente, soffocante. Frasi tipiche:

   «Incontrerai tante persone, nella vita, buone e cattive, ma ricorda: di una sola cosa non devi mai dubitare, che è l'affetto di mamma».

   Il messaggio di doppio legame implicito, neanche troppo latente, è: tutti (o quasi tutti), ti vogliono male, solo la mamma ti vuole bene. Questo tipo di frasi, che vengono ripetute come un mantra tibetano per anni, provoca psicosi, manie di persecuzione: ci si convince che il mondo è un posto di merda, che gli altri sono sempre e comunque il Male. Solo mamma è la certezza del Bene, è un porto sicuro. Solo mamma è "La Mamma".

   «Mamma tua come fa, ora che tu vai in vacanza così a lungo?», «A mamma si deve dire tutto», «La mamma c'è rimasta molto male».

   La madre mediterranea, a differenza delle altre che sono scostanti ed evitanti, vuole ricordarvi in continuazione che lei è la mamma. Però parla in continuazione di sé in maniera impersonale. Questa contraddizione fra eccessiva intimità e terza persona genera nelle vittime qualcosa di simile alla schizofrenia.

b) Il cibo: ve la immaginate una madre tedesca, o una madre britannica che tengono il figlio, come si dice, appeso per la gola? Al terzo giorno di pudding, puree di piselli non commestibili, patatine fritte smosciate, salsicciotti ripassati nello strutto, il povero figlio inglese o tedesco si butterebbero dalla finestra per la disperazione. La cucina mediterranea invece è talmente vasta (pensate solo alla pasta, ce ne sono centinaia di tipi, e migliaia di modi di cucinarla) che il cibo diventa il canale di relazione primario fra figli e madre: una specie di cordone ombelicale fatto di chilometri di spaghetti, impasti per pizza, secondi e contorni da sballo. La madre mediterranea non perdona, il cibo meraviglioso è la sua killer application. La sua frase ricorrente è «Sei sciupato, mangia!».

c) Il denaro: i precedenti tipi di madre sono tirchi. Invece la madre mediterranea, se e quando può, ti infila dieci banconote in tasca, ti fa trovare una busta con dei soldi nascosta sotto il cestino delle vivande che ti ha preparato la domenica, ti chiede in continuazione se può fare qualcosa per aiutarti. Il fatto che tu un giorno possa essere economicamente indipendente, al cento per cento, le fa orrore e raccapriccio. Ma non osa confessartelo, quindi ti fa pesare la sua ansia di legame e di controllo con continui "regalini".

d) La vicinanza, l'invadenza, la contiguità fisica e psicologica. Al primo cenno di allontanamento psicologico, la madre mediterranea dirà: «Non riconosco più mio figlio / mia figlia!». Invece, è evidente che vi conosce alla perfezione, 'sta stronza, e punta sul vostro senso di colpa, e sul vostro debole per le lasagne con le polpettine di carne e la besciamella (vedi sopra, punto b).

✏ *Antidoto*: La distanza. No, non ho detto distanza fisica, perché la lontananza geografica per la madre mediterranea è solo un incentivo. Durante la Seconda Guerra del Golfo (2003), ha scoperto che i soldati americani si facevano mandare al fronte in Iraq delle torte alla crema, utilizzando il corriere DHL. Quindi, se andate a vivere in un'altra città, non avete scampo: lei vi raggiungerà con invii costanti di olio, sottolii, lasagne congelate conservate in speciali termos isolanti, bonifici in denaro, parenti di passaggio che diventeranno occasionali fattorini, e saranno più regolari nel visitarvi di un corriere della coca del Cartello di Medellín. La distanza di cui sto parlando è una reale distanza psicologica. Lo so che è dura, ma dovrete un po' disumanizzarvi, anche se lei se ne lamenterà in continuazione. È fondamentale: tenete duro. Anche se vi sono teorie contrastanti in proposito – qualcuno sospetta che la madre mediterranea sia immortale – pare che anche questo tipo di madre, in un età compresa tra i novantacinque e i centoventi anni, alla fine schiatti, tiri le cuoia, si levi dai coglioni insomma. Naturalmente, il suo capolavoro, il suo David di Michelangelo siete voi stessi: per tutta la vita successiva vi sentirete in colpa della sua morte, come se l'aveste uccisa voi. Ma fate attenzione: il problema vero non è quanto a lungo vivrà lei, ma quanto a lungo sarete in grado di sopravviverle voi.

5. La madre di tutte le stronze

La madre di tutte le stronze non è esattamente la nonna stronza di cui ho parlato prima, raccontando la storia della mia famiglia. È di solito un intellettuale o un giornalista, oppure è una persona carismatica e nota: personaggio televisivo, manager, insomma è quella che i sociologi chiamano un opinion leader, o un opinion maker. Siccome tutte le volte che c'è un opinion maker, ci sono molti "opinion takers" [lett. prenditori, ricevitori di opinioni, *ndr*], questo tipo di stronza ha un potere virale e moltiplicatore. La cosa più incredibile è che la madre di tutte le stronze fa opinione, fa tendenza senza avere nulla da dire. È circondata da ammirazione, ma a parte la sua aria perennemente scontenta e rimproverante non sapreste dire esattamente perché tutti la rispettano. Se fa un giornale, le sue copertine esaltano sempre il personaggio più ovvio. Se conduce un talk show televisivo, fa osservazioni insolenti ma mai estreme. Non convince nessuno, ma vince con tutti. Di solito le sue battute sono scritte dagli autori testi, che però sono delle sottostronze, cioè sono talmente devoti e timorosi che le cuciono perfettamente addosso domande finto-intelligenti e opinioni banali.

✏ *Antidoto*: Se siete in una posizione di potere, non ammettetela mai per nessun motivo all'interno del vostro entourage. Non lasciatela neppure avvicinare. Più si avvicina a voi e alla vostra sfera di intimità, più risveglierà le energie stronzistiche latenti in tutte le persone della vostra cerchia. Vi troverete circondati, in poche settimane, da uno sciame di stronze. Se ve la trovate come capo in azienda, fate finta di conformarvi alle sue direttive, fate in modo di non apparire e, prima possibile, guardatevi intorno alla ricerca di un altro impiego. Non vi perdete d'animo: *si può sempre* cambiare lavoro nella vita, e un ambiente di lavoro in cui una madre di tutte le stronze ha potuto arrivare alla leadership deve essere abbandonato al più presto, perché non è sano.

6. La Psicopoliziotta

Sostanzialmente, la Psicopoliziotta non si fida di nessuno. Il suo modo di stare in relazione con voi è quello dei filmetti americani. Solo che lei intepreta insieme, o alternandole, sia la parte del Poliziotto Buono, sia quella del Poliziotto Cattivo, sia quella del detective che osserva la scena con distacco da dietro il vetro a specchio. Perché avete le scarpe più pulite del solito? Un appuntamento galante segreto? Perché avete le scarpe sporche? Una passeggiata nel parco con l'amante? Perché oggi non avete risposto al telefono entro il secondo squillo, come fate di solito? E perché eravate trafelati? Nello scontrino del bar reperito in data odierna nella vostra tasca destra dei pantaloni (ve lo mostra, in un sacchetto di plastica contrassegnato dal cartellino «Evidence») ci sono due caffè e un Bailey's: tipica bevanda da zoccole. Eravate forse al bar con una zoccola? Come tutti gli sbirri, la Psicopoliziotta è convinta che avete sempre qualcosa da nascondere. Se per il momento non siete caduti in fallo, lei saprà aspettare. Intanto, raccoglie meticolosamente indizi della vostra colpevolezza.

✏ *Antidoto*: Come tutti gli sbirri, la Psicopoliziotta è convinta che il crimine sia parte della vita. Della sua vita e della vostra. Ma lei ama il suo lavoro. Il suo lavoro siete voi, e quindi a suo modo vi ama. Se avete accettato la partita di frequentarla, innanzitutto calma e sangue freddo. Cercherà di farvi cadere in contraddizione, e solo se rimanete calmi e lucidi riuscirete a fregarla. I secondo luogo, negate sempre. Se scoperti, patteggiate uno sconto di pena e lei cederà. La Psicopoliziotta vi vuole in libertà. Ma in libertà vigilata.

7. La stronza adesiva

La fidanzata (oppure moglie, o marito, fate voi) adesiva è molto semplice da spiegare. Amate il trekking? Farà trekking. Siete cinofili? O siete cinefili? Vi seguirà nelle vostre passioni, quali che siano. Siete dei rivoluzionari? Attraverserà le piazze del mondo con voi, con megafoni e bandiere spiegate. Pensate che lo faccia per assenza di intelligenza o di personalità? No. La sua è una *distorsione* della personalità. La stronza adesiva perfetta, in realtà, vuole controllarvi. Anche lei ha delle sue passioni, delle sue letture e hobby, ma non vi permetterà mai di metterci becco. In realtà non le frega un cazzo di voi, è appiccicosa solo perché le conviene, le dà una collocazione sociale neutra, siede accanto a voi in buon ordine, e questo le consente un ottimo posto di osservazione. Molto spesso, infatti, questo tipo di relazione asimmetrica, più che una personalità piatta, nasconde una cripto-stronza (Tipo n. 18).

✏ *Antidoto*: Se la vostra è una relazione eterosessuale straight, aderite a una setta, a una massoneria, a un club che ammetta solo persone del vostro sesso. Questa, per la partner adesiva, è un'offesa, una ferita inguaribile. Qualunque cosa faccia o dica, *lì non può seguirvi*. È uno stratagemma che serve a togliersela di torno o, se intendete rimanere nella relazione, almeno a riequilibrare la partita. Se la vostra è una relazione gay avete un problema. In questo caso dovete fingere di non avere passioni, inclinazioni, gusti, e di voler abbracciare i suoi. Questo la spiazzerà, e la metterà in ritirata: pur di essere lasciata in pace nel suo campo privato, allenterà la presa anche su di voi.

8. La maestrina

«Se tu mi avessi dato ascolto», «Io te l'avevo detto», «Sei una persona incapace di badare a se stessa»: la maestrina è rimproverante, e ha sempre pronta la sua lezione di vita. Come tutti i predicatori, la maestrina predica bene e razzola male, ma sulle prime voi non lo sapete e avete l'impressione che parli per esperienza, o abbia una verità morale superiore da trasmettervi, al pari di Mahavatar Babaji. In realtà la maestrina vi disprezza, odia il mondo, odia la vita.

✏ *Antidoto*: Non vi conviene essere Punk, come con la madre inglese (Tipo n. 2), perché la maestrina è vendicativa, e se fate scandalo farà di tutto per danneggiare la vostra reputazione. Dite sempre di sì, mostratevi riconoscenti. Chiedetele spiegazioni, e mentre parla staccate l'audio. Non se ne accorgerà, perché in realtà parla solo a se stessa. Se vi parla al telefono, distraetevi con un film porno o vecchi video dei concerti dei Kiss (o di Alice Cooper).

9. La seduttiva

La persona seduttiva vuole piacere. Tutti noi vogliamo piacere, e fino a qui non ci sarebbe niente di male. Ma la stronza seduttiva è un'altra cosa. La seduzione di cui parliamo corrisponde a un modo di fuorviare il prossimo, portandolo lontano dal retto cammino: sedurre (dal latino *se-ducere*) vuol dire «portare con sé qualcuno, per piegarlo al nostro volere». Si tratta, in altre parole, di una sopraffazione che non adopera la prepotenza dello stronzo, ma le armi della manipolazione psicologica e dell'alterazione prospettica. La stronza seduttiva è pericolosissima: se qualcuno ci piace, dicono gli psicologi che studiano i meccanismi della persuasione, siamo pronti a fare quasi qualsiasi cosa per lui/lei.

✏ *Antidoto*: Nessuno può resistere alle Sirene della seduzione. Noi umani siamo delle raffinate macchine da apprendimento, ma proprio per questo adoriamo i raccontaballe, i prestigiatori, gli imbonitori, le maliarde e le donne fatali. Nel Canto XII dell'*Odissea* si trova la soluzione a questo tipo di situazione della vita: fatevi legare, o legatevi da soli, con i tappi per le orecchie, per non ascoltare il canto delle Sirene e non cedere al loro richiamo. Come si fa a tradurre in un comportamento attuale l'antico insegnamento di Ulisse? Volgete la mente altrove, cercate intorno a voi persone carine e affettuose, insomma, *legatevi e ancoratevi alla realtà che avete*, riconsiderandola in termini positivi. La seduttiva, infatti, punta a farvi distaccare dalla vostra realtà e dal vostro mondo di relazioni, come fa Lucignolo con Pinocchio, dicendovi che altrove c'è un meraviglioso Paese dei Balocchi, e che *dovete assolutamente* andare con lei. Ma il Paese dei Balocchi non esiste.

10. La coniuge a tempo pieno

Una persona che si dedica a voi al cento per cento dovrebbe insospettirvi. Non è come la fidanzata adesiva, che vuole *fare quello che fate voi*. La coniuge a tempo pieno vive in funzione di ordinarvi la vita, il suo lavoro siete voi, la sua vita, la sua giornata, le sue conversazioni sono incentrate su di voi. Vi ama? Sareste sciocchi a pensarlo. La maggior parte degli uomini all'antica aspirano a una moglie a tempo pieno, assolutamente ancillare e appiattita sulla vita del partner: si dice "una donna di casa", "una madre di famiglia", e si intende altro. Oggi che i ruoli nella società civile sono in larga parte mutati, nessuno obbliga più una persona a fare la (o il) coniuge a tempo pieno. Le nostre identità sono molto più sfumate, articolate, complesse. La stronza coniuge a tempo pieno a prima vista sembra solo in ritardo sui tempi: una persona che vive in funzione della casa e della famiglia, e basta. Ma questo anacronismo nasconde in realtà una persona profondamente parassitaria: il parassita vive in simbiosi con l'organismo ospite, e spesso lo danneggia e indebolisce per vivere meglio lui stesso.

✏ *Antidoto*: Sottraetevi, non fatevi incastrare. All'inizio potrebbe piacervi che qualcuno faccia per voi mille servizi e abbia mille attenzioni. Piano piano, il nodo scorsoio si stringe fino a toglervi ossigeno. Scatenate la crisi nel rapporto, dite che non avete bisogno di questo e quello, che volete portare voi la biancheria in lavanderia, che stasera non state a casa ma uscite con amici: vi lascerà (sarebbe la soluzione migliore) o almeno cercherà di negoziare una ragionevole resa, trasformando il tempo pieno in un nevrotico part-time: un tot di ore per voi, un tot di fine settimana programmati insieme, i vostri spazi e i suoi contati al minuto. Non è una grande soluzione, ma è meglio che niente. E, col tempo, potete sempre riuscire a rosicchiare margini di autonomia e di distanza sempre più ampi.

11. La stronza a termine

La stronza a termine si mette con voi, si fidanza o addirittura vi sposa, perché in quel momento non c'è niente di meglio. È come una persona in carriera che compra un'auto di media cilindrata, pur sapendo (o sperando) che un giorno potrà permettersi un'auto di lusso. Tutti noi, nella nostra vita, abbiamo avuto momenti di debolezza, in cui la nostra capacità d'amare era ridotta, e quindi abbiamo attraversato qualche "storiella", un flirt prolungato o un "fidanzamento tiepido" – meglio che restare soli, è la giustificazione. Ma la stronza a termine è una personalità distorta, e consapevole. Il suo utilitarismo in amore è totale, perché così è il suo rapporto con la vita e con gli altri in genere. Il suo ciclo di massima disponibilità va da un minimo di pochi mesi a un massimo di quattro anni. Dopo, avrà trovato l'alternativa, il prossimo (o la prossima) partner. Nel caso che il rapporto abbia dato dei figli, il momento ideale in cui vi lascerà sarà proprio il quarto-quinto anno, cioè appena completata la parte più faticosa dello svezzamento. Ci sono forme di stronza a termine in tutti i campi della vita, non solo in quello sentimentale: l'utilitarismo psicologico può riguardare il lavoro, il divertimento, lo sport o l'amicizia. Apparentemente questo tipo umano è in contrasto con gli altri modelli di stronza, perché sembra volersi liberare di voi con la stessa urgenza con cui un serpente in muta cambia pelle. Ma non è così: nel caso dei sentimenti, da stronza a termine si trasformerà nella vostra "ex a vita" (vedi oltre, Tipo n. 22). Nel caso delle amicizie o del lavoro, avrà approfittato abbastanza del vostro entourage e dei vostri contatti per rimanere in permanenza nel giro. Saprete in ogni momento cosa fa e dov'è. *Anche quando è finita, con una stronza non è mai finita.*

✏ *Antidoto*: L'unico antidoto a questo tipo di stronza è la vostra forza d'animo e il vostro amore per la vita. Costruite un nuovo rapporto sentimentale vero e solido, puntate a nuove amicizie, insomma prendete l'infortunio di questo incontro come un'occasione per fare pulizia nella vostra vita. Il ruolo della stronza a termine ne verrà ridimensionato. Non la eliminerete del tutto, ma almeno smetterete di soffrire.

12. La stronza multitasking

Un tempo c'erano le macchine berline, le utilitarie, le jeep, le spider, i veicoli da lavoro: oggi ci sono i veicoli multitasking, cioè multifunzione, versatili e anfibi: quattro ruote motrici per lo sterrato come un fuoristrada, interni di lusso come una limu, tettuccio apribile come un duetto, consumi limitati come una utilitaria. Il multitasking, come forma di versatilità negli oggetti d'uso, è una bellissima cosa. Ma la stronza multitasking è una iattura: è adatta alla socialità e al matrimonio, è un po' santa e un po' puttana, quando è un uomo è un perfetto e oppressivo padre di famiglia, e insieme un inguaribile puttaniere. La multitasking sa essere *professionalmente* stronza sul lavoro, *tatticamente* stronza in amore, *perversamente* stronza nel guastare le amicizie e le cose belle. Riesce, simultaneamente, a gestire una congiura in azienda, e a farsi una storia con il marito della migliore amica, mentre utilizza tutte le armi in suo possesso (tutte) per rovinare la vita all'amica stessa – a sua insaputa. La stronza multitasking è una trasformista, se fosse una criminale sarebbe una pericolosa e maniacale capomafia. È imprevedibile, è intelligente e non ha uno dei cento modelli di comportamento qui studiati: li ha tutti e cento, e in più dispone sempre di una valigetta di trucchi segreti come 007.

✏ *Antidoto*: La stronza multitasking ha un solo limite: ok, è intelligente, però si crede un genio. Questo la spinge, nella sua virtuosistica versatilità, ad abusare della pazienza e dell'intelligenza degli altri, credendoli più stupidi di quello che sono – in questo somiglia abbastanza a uno stronzo, anche se è infinitamente più flessible e interessante. Avete due opposte tattiche per difendervi: fatele credere di essere stupidi, ma così stupidi e ingenui da credere a tutto quello che dice e fa, oppure incoraggiatela, adulatela e assecondate il suo narcisismo, finché non si spingerà a tentare l'impossibile: sfidare un'altra stronza multitasking in un duello avvincente e defatigante. Il narciso cerca sempre il suo doppio, e a lei la cosa piacerà così tanto che vi lascerà perdere.

13. La stronza di successo

Avete una fortuna – in un libro catastrofico come questo, è già qualcosa: se non siete anche voi una persona di successo, la stronza di successo non vi vede neppure. Ma, appena metterete fuori (un minimo) la testa e comincerete a contare qualcosa nell'ambiente sociale che lei frequenta, cercherà di ridimensionarvi. Se capisce che non può battervi, si trasformerà lentamente nella vostra nemica intima (Tipo n. 90).

✏ *Antidoto*: Se quello che fate nella vita vi piace, avete pieno diritto al successo. Ma dovete mostrare uno stile modesto, non tirarvela troppo, per non farvi beccare in pieno dalla stronza di successo. Si chiama understatement.

14. L'ASPIRANTE

L'aspirante può essere maschio o femmina, ma è sempre una stronza. In una perenne tensione verso nuovi traguardi, la stronza aspirante al successo vi vede come un gradino, una scala, una maniglia, una porta, un trampolino, una cinghia di trasmissione, un ascensore, una catapulta, un arco di cui lei è la freccia, un cannone a lunga gittata di cui lei è il proiettile, un cavallo di cui lei è il cavaliere, una passerella, una guida rossa, un palcoscenico, una lampada di Aladino. Mai, e poi mai, vi vedrà come una persona. Il suo utilitarismo psichico assomiglia a quello della stronza a termine (Tipo n. 11), ma è infinitamente più rapido e insistente, più smaccato e indecente. Cosa ha da offrirvi in cambio? La sua avvenenza? Le sue grazie? Il sesso? Vi paga, perché anche se è ricca vuole il successo, e pensa di poterselo comprare? Vi seduce? Non conta lo strumento, conta il fine: salire, sfondare, arrivare. E quindi superarvi e poter fare a meno di voi.

✏ *Antidoto*: La tattica più semplice è mostrarsi incapaci di darle quello che vuole. Ha fretta, e cambierà presto cavallo. Un'altra tattica più scaltra è fingere di appoggiarla, e farle mancare il vostro appoggio all'improvviso. Cadrà? No. L'aspirante ha le ali ai piedi, oppure ha la ragnatela che le esce dalle mani come l'Uomo Ragno. Troverà molto presto un'altra vittima su cui posarsi, o un'altra maniglia a cui aggrapparsi.

15. La nata-due-volte

Ha passato di tutto nella vita, ma adesso è rinata. Si sente un'altra persona. E quest'altra persona ha una gran voglia di attaccarsi a voi come una ventosa. Magari è un ex tossico, una persona reduce dai dodici passi degli Alcolisti Anonimi. Magari è una persona che, dopo aver passato la vita senza una direzione precisa o dopo aver tirato su dal naso più neve di Diego Maradona, ha abbracciato con tutta se stessa il Buddhismo Soka Gakkai. Potreste chiedervi: e io cosa c'entro? Eccome, se c'entrate. La nata-due-volte ha bisogno di voi per due motivi: perché è un'ex-qualcosa – tossica, sofferente, malata, peccatrice – e quindi ha bisogno di qualcosa o qualcuno a cui appiccicarsi stretta stretta come sostitutivo della sua antica dipendenza. Voi siete la pezza d'appoggio, il placebo, il metadone. E poi perché voi dovete certificare, riconoscere, annunciare, glorificare la sua rinascita. Lei ha ritrovato la Luce, e voi dovete reggerle il lampadario. Vi accorgete che è una nata-due-volte da un sintomo molto chiaro: quando parla della terapia, o del Buddhismo, o del suo nuovo guru Sufi, o del suo impegno nel volontariato, lo fa con gli occhi stranamente fissi nel vuoto, che guardano leggermente in basso a destra. Non vi guarda, non vede voi: vede l'abisso del suo passato, e ha bisogno di ripetervi – a macchinetta – che ormai ne è *fuori*. Solo che ora, voi ci siete *sotto*.

✏ *Antidoto*: Non provate a seguirla nella Via, di qualunque cosa si tratti. Lei entrerebbe in competizione: religione, salutismo, volontariato, le Vie della nata-due-volte si assomigliano tutte, ma lei si sente assolutamente unica nel praticarle. Non sfidatela. Una possibilità è di mostrarvi assolutamente materialisti, e sordi ai richiami della vita dello Spirito. Se non riuscirà a convincervi, al terzo incontro si allontanerà. Oppure mostratevi molto, ma molto più sciroccati di lei. Ditele che frequentate una setta segreta, un'Opus Dei o una Chiesa Dianetica, guardatela con occhi da pazzo invasato: lei vuole vedere davanti a sé una persona normale. Se vede uno più sciroccato di lei, si spaventa e batte in ritirata.

16. La stronza 2.0

Ce l'avete Facebook? No? Siete su Messenger? No? Avete un blog? Neppure? Siete fuori. Siete indietro. Fate schifo. Tra Essere e Avere, la stronza 2.0 ha scelto la Via di mezzo: rompervi i coglioni via Internet. Come una predicatrice mormone, come una testimone di Geova, la sua missione è convertirvi, fare di voi una persona evoluta («smart», dice lei). Fare di voi una persona 2.0.

✏ *Antidoto*: Se invece avete Facebook o simili, ditele: «Sì, ma ci vado di rado». Cambiate discorso. Dovete apparirle assolutamente ottusi, e non interessanti. La stronza 2.0, infatti, parla solo di argomenti 2.0 (o in chiave 2.0). Non parla con voi, "posta" un commento a un vostro "post". Non vi invita a una festa, vi "forwarda" un memo da Messenger. Se siete un po' 2.0 anche voi (coraggio, chi è senza peccato scagli il primo post), fate finta di non esserlo. Prima o poi (o post) si disinteresserà di voi.

17. La cripto-stronza, ovvero la stronza nascosta

In molte tradizioni esoteriche ricorre il tema del Maestro Segreto, o Maestro Nascosto. Opera da una posizione umile, vive senza farsi notare, ma è un iniziato potentissimo, salva gli altri e poi riprende il suo cammino, inosservato e indisturbato. È un saggio itinerante, un umile artigiano oppure un medico generoso. Sceglierà qualcuno a cui trasmettere il Segreto, prima di dileguarsi, ma deve trattarsi di qualcuno simile a Lui: umile, paziente, illuminato. Non predica, non si mostra, non fa proseliti. Opera sulle energie sottili e sulle atmosfere, quasi mai direttamente sulle persone.

La cripto-stronza fa un mestiere simile, solo che purtroppo è il mestiere opposto. Gode enormemente della segretezza. Non si rivela: è lei l'autore della lettera anonima più devastante, è lei che depista, è lei che fa dei piccoli ma esiziali sabotaggi. Nelle aziende, la stronza nascosta può essere letale – caso anche questo abbastanza eccezionale, perché le stronze quasi mai vogliono la fine totale della vittima. Ma la stronza nascosta è una malata di mente. Vive in una realtà separata. Non ha trovato la Luce sul suo cammino, ma il Buio, e se ne alimenta. Non sapete che c'è, ma una cosa è certa: state male perché c'è.

✏ *Antidoto*: Se nel vostro ambiente opera un Maestro Segreto, siete salvi. Solo chi opera nel sottile e nelle energie invisibili vede la stronza nascosta con la stessa facilità con cui voi vedete un semaforo cambiare luce. Ma quasi mai è così. Voi forse avete una possibilità: se nel vostro ambiente c'è malessere, lentezza, scoramento ma nessuno sa esattamente perché, è probabile che all'opera ci sia una cripto-stronza. Le persone si lamentano, flebilmente, c'è cattivo umore, qualcuno prova a reagire. La cripto-stronza no. Guardatevi intorno: chi è che, in certi momenti bassi e deludenti della vostra vita di relazione, ha un enigmatico sorrisetto sulle labbra? Chi è che, quando vengono annunciate sventure, non riesce a reprimere un lampo di gioia sadica negli occhi? È silenziosa, ma non è perfetta. Adesso che l'avete vista, sapete. Ora dovete scegliere se diventare voi il Maestro Segreto.

18. La "sette stronze per sette fratelli"

Gioiosa, chiassosa, ciarlona, questo tipo di stronza vive in comitiva, ha sempre qualcuno da presentarvi, vuole sempre coinvolgervi in una pizza, una scampagnata, una festa. È una stronza, ma mostra il volto amico e festoso dell'animatrice di un Club Mediterranée. Siete single? Ha un'amica da presentarvi. Avete un amico, un cugino, una sorella? Ha sempre un'ipotesi di abbinamento, di combine sentimentale, di inciucio improbabile. Passare un weekend con lei è come rivivere il set del film *Sette spose per sette fratelli*.

La sua caratteristica: deve assolutamente normalizzare gli altri. E chi non è in coppia è pericoloso, non può fare giochi di società, non è fungibile alle cene, non va bene per andare a ballare in gruppo, non ha una dama per le cerimonie, non va bene neppure per ordire le dovute congiure a base di corna di coppia. Se le persone che lei mette in contatto si fanno schifo a vicenda, poco male, le aiuta a lasciarsi con le dovute maldicenze, fa in modo che si mettano le corna e presenta subito loro qualcuno per sostituirvi. È una perfetta cialtrona, ma si presenta sbrigativamente come una benefattrice dell'umanità. Di solito ha un partner (o una partner) remissivo e rassegnato, a cui mette ogni tanto le corna, ma che non lascerà mai. Lei è una normale, lei vive in coppia, un divorzio la devasterebbe.

✏ *Antidoto*: Se volete divertirvi, fatevi presentare un sacco di gente con cui andate a letto, ma mostratevi farfalloni e inaffidabili. Vi classificherà come un pericolo e vi espellerà dal gruppo. Se siete già in coppia, tenetevi alla debita distanza: al primo segno di incrinatura nel vostro rapporto, presenterà al vostro partner tutte le alternative possibili, facendo andare in vacca la vostra relazione già traballante. Fuggitela con delle scuse. Negatevi. È troppo presa dai suoi giochi di gruppo per riuscire a starvi dietro a lungo.

19. La stronza femminista, Vecchio e Nuovo stile

Non fraintendetemi: il femminismo, con più di un secolo e mezzo di lotte e di conquiste per la parità dei sessi, è un grande patrimonio dell'Umanità. Ma la stronza femminista è un'altra cosa. La sua idea di rapporto con l'altro sesso non è basata sulla parità, è basata sul conflitto. Vi piacciono i tacchi a spillo? Se siete un uomo siete un porco, se siete una donna siete una schiava che va liberata. Amate gli stinchi delle ragazze ben depilati e idratati? Male, lo stinco peloso è una scelta di libertà. Fortunatamente, questo tipo di femminista è ormai un fossile vivente, come certe creature delle profondità oceaniche. Ma un nuovo tipo di femminista si avanza: la Raunch Girl. Tacchi-Spacchi-Trucco-Capelli sembrano quelli di una squillo, ma l'atteggiamento verso il maschio (e verso le donne "normali") è freddo e punitivo. La stronza Raunch è provocante ma non ama essere provocata. Vi vuole arrapati, o se siete amiche o colleghe vi vuole succubi. Lei è l'Amazzone, la figa muscolare e palestrata, lei usa la sua vitalità prorompente e l'aspetto un po' calcato da zoccola per fare carriera.

✏ *Antidoto*: Nel caso della Vecchio stile, mentite con stile, e vi odierà senza potervi colpire. Nel caso della Nuovo stile, fatevi da parte con stile: non mettetevi mai sul suo cammino, perché vi passerà sopra come un caterpillar. Non la potete prevenire, ma la potete schivare, è la vostra unica possibilità. La Raunch, infatti, è seduttiva come una soubrette ma prepotente come uno stronzo.

20. La stronza ultraricca

Non capisce come non si possa essere ultraricchi. L'ultra-ricchezza è il tema, il leitmotiv della sua vita. Accetta solo di frequentare altri ultraricchi, in località ultraricche. Il resto è sotto-umanità. Però si annoia. Quindi ogni tanto vi ammette alla sua corte, perché ha su di voi una curiosità etnologica: come si fa a vivere con meno di cinquecento-mille euro al giorno? Come si fa a vivere senza quattro persone di servizio? Perché i saldi annuali sono così importanti per voi? Per alcune ore, o alcuni giorni, i costumi e le usanze delle persone ordinarie la terranno occupata. Poi lascerà cadere il rapporto. Al pari della stronza a termine (Tipo n. 11), ogni relazione con lei è dominata dallo scorrere della sabbia nella clessidra. Ma almeno non vuole ottenere nulla di *utile* da voi.

✏ *Antidoto*: Se siete un'arrampicatrice conto terzi (Tipo n. 45), un'aspirante (Tipo n. 15) o una stronza a termine (Tipo n. 11) questo tipo di stronza potrebbe perfino piacervi, o esservi utile. Se siete in cerca di un'avventura sessuale, ok. Ma non potete entrare in relazione con la ultraricca se non fate parte della sua casta. Esiste una variante "amichevole" e "civile" della ultraricca, che è "l'ultraricca di sinistra". Ma non fatevi illusioni: finge di trattarvi da pari a pari, ma in realtà le fate pena.

21. La stronza benestante

Nulla smuove dalla sua sicurezza sociale la benestante. Quello che la caratterizza è il conformismo più assoluto. Il benessere di cui gode non è una conquista perenne come nel tipo precedente, è una faticosa acquisizione che deve essere difesa con tutta la grettezza del caso. Se siete artisti, lavoratrici o lavoratori precari, scrittori in bolletta o comunque persone dal reddito incerto, girate al largo. La stronza benestante vi valuta dalla dichiarazione dei redditi, in primo luogo, e poi da tutto il resto. Se siete benestanti stabili, benvenuti nel Grande Regno Conforme della Noia. Attenderete la vecchiaia semi-narcotizzati, dividendovi fra lavoro regolare, vacanze, ricorrenze.

✏ *Antidoto*: La stronza benestante non ama i cambiamenti, in genere, se non è certa che portino un miglioramento misurabile. Mostratevi mobili, creativi e attivi. Vivi, insomma: lei vi starà alla larga.

22. L'ex a vita

Ci sono persone e storie che si dimenticano, o si fanno dimenticare. Quello che è stato è stato, ognuno ha imparato la sua lezione. Ci sono persone invece che mai e poi mai uscirebbero dalla vostra vita. Le ex – o gli ex – a vita sono una categoria di stronze sempre più diffusa. E questo è comprensibile. Viviamo in un'epoca di rapporti fragili e precari, dove la nostra identità non è mai ben definita. Essere "l'ex" di qualcuno, almeno, ci legittima socialmente, ci dà qualcosa di cui parlare, ci rende presenti al giro dei vecchi amici, che altrimenti andrebbe perduto. Ma cos'è che trasforma questa semplice preposizione latina, ex, in una stronza? Semplice: essere la vostra (il vostro) ex diventa *tutta* la sua vita. Tra amici e amiche, tutti sono convinti che in fondo, quando stavate con l'ex, anche voi eravate meglio. L'ex passa in rassegna ogni vostra nuova relazione, e la sottopone a votazione. L'ex diventerà sicuramente, col tempo, la nemica intima vostra e del (della) nuovo coniuge (Tipo n. 90).

✏ *Antidoto*: L'ex gioca su un biliardo, e usa tutti i trucchi e tutte le sponde. Parla con i vostri amici, rimane in contatto con i vostri genitori, fa amicizia con il vostro nuovo partner, vi propone addirittura vacanze in comune: voi, la vostra partner, lei e il suo nuovo partner. Pur di mantenere viva questa famiglia allargata perenne, l'ex è disposta perfino a qualche nefandezza. Ma voi dovete avere forza, non tanto e non solo di nervi, ma di relazioni. Il vostro nuovo partner deve essere informato della situazione, e sapere con chiarezza da che parte state. Non potete fare il doppio gioco. Poi, lentamente, allargate il giro delle vostre amicizie e conoscenze, e in questo modo la densità di incontri con l'ex si diluirà. Lasciate che parli. Lasciate che si lamenti. Ripetete frequentemente: è lei che si sente un ex, per me è finita.

23. L'eterna fidanzata

Sono vent'anni che la incontrate in giro, e non ha mai avuto una storia più lunga di sei mesi. L'eterna fidanzata, o fidanzata seriale, ha un disturbo della relazione affettiva cronico. Non riesce a legarsi davvero, e nei casi più complicati diventa l'ex a vita di una dozzina di persone (Tipo precedente). L'eterna fidanzata prende di acido dopo la quarantina, perché si sente piuttosto un'eterna zitella, o una sfigata-con-accompagnatore. Se è un uomo, l'eterna fidanzata perde lentamente di credibilità e di lucidità, diventa un po' una macchietta sociale. La sua caratteristica peggiore, però è questa: quando vi incontra, vi dice che ha «avuto tante storie difficili, alcune importanti, ma con te vorrei che fosse quella vera, quella seria, quella buona». Dovreste crederle?

✏ *Antidoto*: No, non dovreste crederle. Dopo due settimane di idillio, la relazione si instronzisce a macchia d'olio, passando per le seguenti fasi: a) la maestrina (Tipo n. 8), b) il gatto nero e pesante (Tipo n. 63), c) l'ex a vita (Tipo precedente). Come fare? Se proprio non sapete rinunciare, lasciatela almeno entro il tredicesimo giorno, prima che possa mettere in scena il suo copione trito e ritrito. Forse questo la trasformerà in una stronza piagnona (Tipo n. 87), ma durerà poco. Presto troverà un altro partner.

24. La sado-stronza

La sado-stronza ama le persone sottomesse, ma le maltratta. Nella sua vita sessuale privata pratica la dominazione, che consiste nel fare al partner cose sempre più cattive e truci, umiliandolo, legandolo, picchiandolo e frustandolo. E fin qui nulla (o quasi) da dire: ciascuno, se trova un amante consenziente e felice, può fare quello che vuole. Ma la sado-stronza vuole di più: proietta questo bisogno di dominazione e di affermazione sprezzante su tutto il resto della vita. Di solito fa così perché ha una vita di serie B, o un lavoro che non le piace, o perché si odia, o perché da bambina le dicevano che era brutta. La sua volontà di prevalere e schiacciare il prossimo assomiglia a quella dello stronzo. Ma con questa differenza: lo stronzo è insensibile e inconsapevole, lei invece pretende che il gioco piaccia anche a voi. Dovreste esserle grati se, essendo il vostro capoufficio, vi mette di proposito in stanza qualcuno che vi controlli: «È per stimolarti a esprimere al meglio le tue qualità, e aiutarti a lavorare in squadra». Dovreste esserle grati perché vi ha scelto per una trasferta di lavoro pallosa: «Ti farà bene cambiare aria». Non le siete grati?

✏ *Antidoto*: No, non le siete grati. La sado-stronza ha paura di essere contraddetta. Come tutte le persone sadiche, ha un carattere rigido ma fragile. Se le tenete testa e ne fate una questione di diritto, alla fine si spaventerà. Se è troppo potente o gerarchicamente superiore a voi, dovete essere un po' spregiudicati: fate in modo che, prima possibile, le sue attenzioni siano attratte da una maso-stronza (Tipo seguente).

25. La maso-stronza

La maso-stronza ama le persone dominanti a letto, che la umiliano e la maltrattano. Solo che anche lei, al pari del Tipo precedente, estende le sue predilezioni private a tutto il resto della vita: se non la maltrattate almeno un po', se non la umiliate in pubblico, non vi rispetterà e non si affezionerà.

✏ *Antidoto*: Per l'appunto, non maltrattatela, siate gentili e pieni di attenzioni, e smetterà di frequentarvi. Se insiste, presentatele una sado-stronza (Tipo precedente).

26. La stronza switch

Oggi vi aggredisce e domani si mostrerà sottomessa. Stamattina è stata arrogante, ma stasera guaisce come un cagnolino implorando perdono. La switch, come dice la parola stessa [interruttore alternato on/off, *ndr*], alterna sole e luna, luce e ombra. Il principale risultato di questo comportamento, nella vita di tutti i giorni, è di snervare partner, amici e colleghi. La switch, dentro di sé, è arrogante e vi disprezza, ma la sua esigenza fondamentale è quella di attirare sempre la vostra attenzione, con comportamenti volubili e imprevedibili.

✏ *Antidoto*: L'unica cosa che ferma una switch è la disattenzione prolungata. Ha bisogno di un'attenzione reattiva e costante per respirare, quindi si allontanerà da voi se sente mancanza di aria.

27. La lesbo-integralista

Pretende di convincervi di strane teorie, per cui è *del tutto innaturale* che uomini e donne abbiano rapporti. Rifiuta l'idea di un contatto fisico con l'altro sesso perfino se vuole riprodursi, e preferisce ricorrere alla fecondazione in provetta. Legge solo pubblicazioni lesbo, frequenta solo feste lesbo, villaggi vacanze lesbo. Se siete anche vagamente bisessuali, cercherà di convertirvi. Se siete etero siete il Male.

✏ *Antidoto*: Di solito avete un problema con questo tipo di stronza solo se siete una lesbica, o una bisex, perché ha un atteggiamento da talebana della sessualità e vede tutta la realtà in un unico colore. C'è una sola possibilità: non innamoratevi, ragazze, o siete fottute, perché quando è in amore, di solito, la lesbo-integralista diventa una sado-stronza (Tipo n. 24).

28. La stronza lesbo non-outata

Odia le donne, ma le piacciono sessualmente. È conformista, di solito di idee politiche conservatrici, e non riesce a vivere la sua natura alla luce del sole. Odia le lesbiche che hanno fatto serenamente "coming out", ovviamente. Odia gli uomini, perché da come la guardano capisce che sono i primi a capire. Si sente come accerchiata, imprigionata, e questo la rende stronza e iper-suscettibile a tutti i livelli.

✏ *Antidoto*: Siate affettuosi, molto affettuosi. L'affetto la imbarazza, e la volge in fuga.

29. La stronza gay

Di solito è un maschio gay con movenze molto affettate e voce cantilenante, innaturale e forzata. Odia le donne, ma non perché vorrebbe essere come loro (questo è un luogo comune), bensì perché sono concorrenti nella seduzione del maschio. Però si accompagna spessissimo alle donne, di cui diventa senza indugio la nemica intima (Tipo n. 90).

✏ *Antidoto*: È concorrenziale con i gay, è concorrenziale con le donne, e le piacciono pochissimi uomini. Anzi, a dire il vero, non le piace nessu no. E voi non dovete cercare in nessun modo di piacerle.

30. L'ETERNA RAGAZZA

Alcune persone hanno un'età psicologica bloccata intorno ai venti-venticinque anni, e questo le rende col passare del tempo un po' patetiche. La parte pericolosa (e stronza) della questione, è quando l'eterna ragazza pretende di imporre la sua presenza "giovane" e "spigliata" a tutto il resto del mondo. Quando ha figli, trova del tutto naturale accompagnarli ai concerti pop, facendoli sentire in imbarazzo. In casi estremi (l'eterna ragazza fricchettona) pretende pure di farsi le canne insieme ai figli. Quando è con i suoi coetanei, è sempre vestita in maniera un po' ridicola, ma non si sente in imbarazzo. Scambia l'invadenza per charme, e l'immaturità per un privilegio.

✏ *Antidoto*: Mi spiace, se siete suoi figli non avete molto scampo, dovete sperare solo di crescere abbastanza in fretta, e di non doverle fare da "genitori adottivi" quando sarete adulti. Se siete suoi coetanei, limitatevi a tollerarla. È stronza, ma essendo patetica si autoeliminerà da sola.

31. L'ETERNA BAMBINA

Eh sì, sono poche le anime pure che rimangono bambine a vita. Lei è una di queste, e non è pronta per il male del mondo, non si assume responsabilità, vuole essere accompagnata e rassicurata sempre. Quello che cerca negli altri? Un papà e una mamma. Combina dei casini sempre maggiori, si fa raggirare, subisce prepotenze, e poi chiede agli amici e ai partner di soccorrerla. È talmente tenace, nelle sue richieste di aiuto, che gli altri vivono sempre in allarme, come se fosse un'handicappata psichica sempre sul punto di cacciarsi nei guai.

✏ *Antidoto*: Presentatevi come un potenziale compagnetto di giochi, ma poi fatele capire che siete come lei, che avete più casini di lei, che siete disperati. Non solo: alla prima occasione, chiedetele disperatamente aiuto. Se la darà a gambe.

32. L'eterna vecchietta

Ha sempre una pieghina sghemba agli angoli inferiori della bocca, una ruga d'espressione che la fa sembrare anziana anche a sedici anni. Disapprova i giovani, non avendone mai fatto parte. Disapprova gli adulti, perché non sono abbastanza maturi. Disapprova i vecchi, perché li vede rimbecilliti. L'eterna vecchietta ha un solo piacere: se dite una cosa vitale, o divertente, o se comunicate una cosa bella che vi dà gioia, la sua pieghina di disapprovazione si acuisce, e diventa quasi una smorfia. La verità è questa: lei *gode di non godere*. Vi guarda con gelido e cupo compatimento: la sua anima è fredda come il vento di Settentrione. Appena vede che è riuscita nel suo intento, e che ha smorzato sul nascere ogni entusiasmo, torna a pensare ai cazzi suoi. Ma è sempre in ascolto, pronta a fulminare chiunque con la sua disapprovazione.

✏ *Antidoto*: Non contrastatela, potrebbe affezionarsi. Non assecondatela, potrebbe affezionarsi. Scambiate due parole di cortesia, e allontanatevi con passo felpato. Non vi seguirà, si limiterà a compatirvi e a considerarvi un imbecille mentre vi vede scomparire, in lontananza.

33. La notte delle stronze viventi

Non sto parlando di un film horror, ma della stronza-vampiro, quella che di giorno sembra normale, e diventa stronza al calar delle tenebre. Se convivete con lei, preparatevi a discussioni che cominciano dopo le undici di sera, per andare avanti fino a notte inoltrata. Preparatevi a conversazioni telefoniche che interrompono le vostre cene di lavoro o i vostri momenti di svago serale. Con lei avete due certezze: di giorno è più inerte di un serpente, di notte è viva e vigile. E pretende attenzione. Il mutuo di casa, la destinazione delle prossime vacanze, i problemi di lavoro devono essere affrontati uno per uno. Ovviamente, la forza di questa stronza sta nella sua capacità di deformazione prospettica, e di rinvio. Deformazione: tutti i problemi di notte si ingigantiscono, proiettando sulla vostra vita diurna un'ombra densa e funesta. Rinvio: i problemi non si risolvono mai di notte, tutt'al più si rinviano. Alla notte successiva.

✏ *Antidoto*: Non lasciate passare del tempo. Dopo appena sei mesi di questa vita sarete delle larve. Reagite subito: appena la vedete o sentite, la sera, investitela con qualche pensiero angoscioso. Siccome è già lei gravata dall'angoscia, non reggerà al confronto. Alla terza quarta sera, si allontanerà da voi, in cerca di una nuova vittima.

34. La eco-stronza

La eco-stronza vi vuole vivi, e sostenibili. Quando gettate l'immondizia, separate attentamente l'alluminio, la plastica, la carta, la composta organica? Coltivate germogli di soia in cucina? Tirate l'acqua del cesso non più di due volte al giorno, per risparmiare risorse idriche? No? È evidente che odiate l'ambiente, anzi che odiate il mondo. La eco-stronza non perdona.

✏ *Antidoto*: Un atteggiamento ecologicamente consapevole è giustissimo, ma la eco-stronza è una fanatica fideista. Per fregarla, dovete farla scendere un po' dal piedistallo. Tutte le eco-stronze hanno almeno un punto di contraddizione: fuma? Ammorbatela con le statistiche sui danni del fumo passivo, fatela sentire un'assassina. Ha scarpe di pelle? Fatele notare che l'animale che le ha generate è probabilmente lo stesso che voi consumate sotto forma di bistecche. Ma non temetela più di tanto. L'eco-stronza, di solito, frequenta esclusivamente ambientalisti, quindi è raro che voglia entrare nella vostra vita. Dopo le prime scaramucce, sparisce.

35. La socio-stronza

Apparentemente non ce l'ha con voi. È la nostra società che è sbagliata, ricca di discriminazioni e di pregiudizi. È la società che rende gli uomini infelici, che li sfrutta, che ha messo l'ingiustizia e l'avidità al centro di tutto. È colpa della società se lei oggi potrebbe essere un premio Nobel, e invece lavora come impiegata. La società non va bene. E voi? Voi siete ai suoi occhi «il prodotto perfetto di questa società»: siete inscatolati, banali, prevedibili. Non vi salvate, insomma. Fate schifo anche voi, perché rappresentate al meglio questa schifosa società. Ne siete complici.

✏ *Antidoto*: Non accettate la sfida sociologica, non mettetevi a discutere. Se le ricordate che oggi molte malattie importanti sono state debellate, che il reddito medio dei ceti popolari è dieci volte maggiore rispetto a duecento anni fa, che ogni tanto anche i delinquenti finiscono in galera, vi guarderà come dei perfetti imbecilli. Chiedetele, invece, cosa potete leggere, su Internet o in libreria, per conoscere meglio gli argomenti di cui parla. Quando la rivedete mostratevi riconoscenti: «Sto leggendo», ma ovviamente avete appena dato un'occhiata alle pallosissime letture suggerite, «e non credo ai miei occhi. Avevi ragione». Si placherà. Un avvertimento, però: è contenta del fatto che leggete, ma non dovete leggere troppo, altrimenti potrebbe sospettare che qualcuno ne sa più di lei.

Il suo pronome dimostrativo preferito è "questo/questa": «Vado a questa mostra, dove c'è questo artista che fa queste installazioni, hai presente?». La stronza social («questa stronza», verrebbe da dire) non perde un'occasione mondana che sia una. Il grande artista Andy Warhol, che di mondanità se ne intendeva, diceva che «andare ai party è un duro lavoro». Per la stronza social no: lei è una stakanovista, ma al pari di quei (*questi*) ballerini che volteggiano senza apparente sforzo, è sempre a suo agio, è sempre socialmente accettata. È sempre presente. Cosa fa? Conta qualcosa? Ha un lavoro in qualche modo percepibile? Ha un pensiero, un'idea che vada al di là del «come stai? Ti trovo in gran forma»? Inutile chiederselo. È leggera, è rapida, è indistruttibile, il suo stomaco ha subito un adattamento evolutivo misterioso: da anni si ciba solo del cibo schifoso e riscaldato dei catering, e non ingrassa né si ammala. Anche quando vive in provincia, o in una capitale secondaria, per lei ogni posto è Manhattan (ma ci riferiamo alla Grande Mela degli anni Sessanta/Ottanta, quando la mondanità era il centro di produzione delle idee).

Se frequentate una stronza social, la vostra vita non sarà più la stessa: alle 17.30, caschi il mondo, smettete di lavorare e cominciate a predisporvi per la serata. «Devo passare un attimo per casa, prima» è un'altra delle sue frasi preferite: tre ore di preparativi e vestizione, manco fosse l'Infanta di Spagna. Di solito tutti la conoscono, nessuno però conosce voi, e ci metterete anni (se non morite prima di catering) a memorizzare i volti e i contatti della sua agenda. La stronza social non ha bisogno di Facebook, di MySpace, dei social network. Praticamente il social network lo ha inventato lei.

✏ *Antidoto*: Non provate a vestirvi male per scoraggiarla, perché vi troverà ancora più interessanti, buffi, bizzarri. La stronza social ama le novità, le bizzarrie – anche se non le capisce. Non dite che avete «altri impegni». Quello (questo) a cui va lei è *l'unico impegno* a cui valga la pena di andare. Ditele, piuttosto, che lavorate troppo, che avete un coniuge o una coniuge noiosa e anti social, che la sera fate quasi sempre volontariato alla mensa della Parrocchia. Dove peraltro il cibo è più sano di quello dei catering, e le persone sono più umane di quelle (queste) che incontrerete con lei.

37. L'ape regina

È passiva (esprime al meglio il principio cinese Ying di cui vi ho già parlato diffusamente). Ma è dominante. Assolutamente dominante. Tutto, nella sfera di miglia e miglia, ruota intorno a lei. E lei non fa alcuno sforzo, si nutre solo delle energie apportate dalle sue fedeli operaie: decine, centinaia di stronze che sono liete di servirla. Per entrare alla sua corte, dovete essere un'ape operaia anche voi, disciplinata e volenterosa. Altrimenti non esiterà a sacrificare qualcuna delle sue mille servitrici, facendovi pungere dolorosamente. È psichicamente inerte, e vuole il vostro torpore psichico. Vi ama? Vi odia? Dal momento che non fa nulla, non vedrete o capirete nulla. L'ape regina, dovete capirlo, non è umana, o se è umana lo è diventata per sbaglio, incarnandosi nel modo e nel posto sbagliato. È pericolosa? Sì, come tutti coloro che hanno molti servitori ottusi.

✏ *Antidoto*: A meno che non abbiate la forza di bruciare tutto l'alveare in un colpo solo, il che è quasi impossibile, state alla larga, non avvicinatevi mai. A differenza di altri tipi di stronze, l'ape regina ha un regno circoscritto. È territoriale. Le sue emissarie possono raggiungervi anche lontano, ma non lontanissimo. Non interferite mai con i suoi affari, però. Mai, per nessuna ragione.

38. L'ape operaia

È la gregaria perfetta del tipo precedente. Opera di preferenza sotto forma di sciame. È cattivella, maldicente, velenosa, ma quasi mai pericolosa quando è sola.

✏ *Antidoto*: Non parlate mai apertamente in sua presenza, riferirà tutto alla Regina per rovinarvi. Piuttosto, cercate di farvela amica prendendola in disparte, adulatela e convincetela piano piano del fatto che lei merita di più, e che un giorno dovrà essere chiaro che merita lei di fare la Regina. Se abbocca – e di solito abbocca, perché è stupida – allenterà la presa su di voi, e poi si fotterà con le sue stesse mani, entrando in competizione con la Regina.

39. La Principessa sul Pisello

Come nella classica fiaba, la Principessa sul Pisello arriva come ospite al castello, e non si adatta neppure alla minima scomodità. E la vostra vita, in sua presenza, diventa un inferno. Gli ambienti hanno troppa (o troppo poca) luce. I letti sono troppo morbidi o troppo duri. I cibi troppo caldi o freddi. Non le va bene nulla.

✏ *Antidoto*: Anche le fiabe sbagliano, perché si basano su luoghi comuni. Il primo errore della fiaba raccolta da Andersen è di pensare che la tipa sia una principessa. In realtà è solo una stronza di passaggio, e dovrebbe rimanerlo. Il secondo errore si scopre usando un po' di buonsenso: perché il principe dovrebbe desiderare di sposare una stronza?

40. L'etno-stronza

Si emoziona quando va in India o in Marocco, e vede la gente vivere nella miseria più nera: le sembra «autentico». In realtà i contadini indiani semimorti di fame la manderebbero volentieri affanculo, se sapessero come si dice «affanculo» nella lingua di questa petulante visitatrice. È sempre travestita da festa in maschera finto-folk: mette il sari in India, il caffettano in Algeria, il costume nazionale bavarese, o sardo, o nepalese, a seconda di dove va in vacanza. Una specie di Barbie trasformista, e sfigata. I cammellieri che la scortano sotto le stelle nel deserto – e in cuor loro non sono affatto folk, visto che aspirano alla tv satellitare a colori – la ucciderebbero volentieri dopo averla rapinata. La etno-stronza non se ne accorge: impara dieci-dodici parole di qualunque lingua e, sentendosi una grande antropologa in perlustrazione, contratta fino alla morte sul prezzo di tappeti, argenti e gioielli, coralli e tessuti. In realtà gli indigeni di vari Paesi non capiscono quasi mai un cazzo di quello che dice, ma cedono per fame o per disperazione. Lei invece è entusiasta del contatto: «Riesco sempre a farmi capire, è questione di feeling». È convinta che tutto nel Terzo Mondo costi meno, perché è più equo e solidale, e soprattutto è convinta che tutti, laggiù, abbiano un feeling con lei. In realtà nel Terzo Mondo le cose costano poco perché il lavoro (anche minorile) è sfruttato enormemente, e perché la gente muore di miseria e stenti. Quando torna dai suoi viaggi, l'etno-stronza continua a vestirsi in maschera per settimane, talvolta per mesi («questo viaggio mi ha cambiato la vita»), poi l'effetto del dopo-viaggio svanisce. Lei sta già progettando il prossimo etno-viaggio: trekking boliviano, escursione in slitta tra gli amabili allevatori di renne lapponi, discesa in canoa dello Zambesi.

✏ *Antidoto*: Deve a tutti i costi pensare che siete degli infami colonialisti filo-occidentali. Mostratevi sordi e ciechi al fascino delle ciabatte di pelle di cammello, dei narghilé, delle statuette induiste. Fate qualche battuta rozza al limite del razzismo. I luoghi comuni più biechi, sul pisello grosso dei neri o sulla sporcizia degli arabi, vanno benissimo, purché l'etno-stronza pensi che la stronza siete voi. Il suo disprezzo, anche se vi costerà di mettervi in cattivissima luce dicendo cose orrende, sarà la vostra salvezza.

41. La mantide religiosa

Non è una sessuomane seriale (come la porno-stronza, Tipo n. 81), ma al contrario affronta il corteggiamento e l'amplesso con una ritualità e una serietà quasi rituali. Incontrare questo tipo di persona, sia per un uomo che per una donna, è un'esperienza unica. Si gode di un'attenzione, di uno slancio e di una dedizione praticamente totali. Dopo la prima notte d'amore, però, la mantide comincia a farvi a pezzi. Non mangia voi, ma la vostra personalità: tutto quello che le era piaciuto nel corteggiamento, adesso non le piace più. La sua affettività è come una porta girevole, vi espelle con la stessa vorticosa violenza con cui vi aveva attirato. La mantide non è capace di attaccamento, di relazione, di affettività. Quello che per voi è l'inizio di un lungo cammino, per lei è l'apice, l'apoteosi erotica che annuncia la caduta.

✏ *Antidoto*: Con questo tipo di stronza, l'unico antidoto possibile è la prevenzione. Se ci siete cascati, dovreste innanzitutto chiedervi perché. Se non accettate l'espulsione istantanea, temo che avrete bisogno di un buono psicoanalista. La mantide religiosa non cambia, non vi capisce, non perdona.

42. La mantide laica

La prima fase, dal corteggiamento al talamo, è uguale a quello del tipo precedente. Solo che dopo, purtroppo per voi, comincia la relazione, non l'abbandono. Ecco le fasi: a) Dice di avere provato una passione fortissima, ma non si sente pronta per una storia. b) Lo ammette, ci ha pensato bene e vuole chiedervi scusa: la sua era solo un'infatuazione, è un'inguaribile romantica, e non riesce a «fare sesso senza provare forti emozioni». c) Si sente ancora molto attratta da voi, ma «come persona». Cosa vuol dire? Semplice. Niente più sesso, ma amicizia sentimentale, alleanza, complicità spirituale. E qui fate bene attenzione: quello che lei chiama «amicizia», voi potreste chiamarlo gatto nero e pesante (Tipo n. 63).

✏ *Antidoto*: Dite ok, cedete su tutta la linea, accettate l'amicizia e tutto. Poi cominciate a sparire. Una fitta cortina di segreterie telefoniche, segretarie, trasferte di lavoro, impegni improvvisi, malattie simulate la dissuaderanno. La mantide laica, infatti, cerca la relazione, ma non è capace di lottare per avervi come amico o amica. Se vi sottraete (con garbo, mi raccomando) alla fine si stanca, e si dedica a un'altra vittima.

43. La stronza/specchio

«Voglio solo darti degli elementi di riflessione, e magari aiutarti. Ma tu *aiutami ad aiutarti*». Questi giochetti di parole sono la passione della stronza/specchio. Si tratta di una persona che ha una naturale capacità "riflettente", appunto. Solo che il suo specchio naturale ha un trucco: assorbe e trattiene per sé tutte le cose buone, e invece vi restituisce e vi riversa addosso, amplificandole, solo le emozioni negative. *Aiutarla ad aiutarvi* significa, nove volte su dieci, aiutarla a consolidare il potere di ricatto che, piano piano, accumula su di voi. Avere a che fare con lei significa sentirsi deprivati di energie e di aria pulita. È come la stanza degli specchi al Luna Park: finisce che vi vedete sempre deformati, più obesi o più vecchi che nella realtà. La stronza/specchio è un'ottima ascoltatrice solo che, fateci caso, più la frequentate e più vi sentite depressi.

✏ *Antidoto*: Parlatele sempre di lei, non di voi.

44. Alice nel Paese delle stronze

A differenza che nel capolavoro di Lewis Carroll, la nostra Alice stronza non si è mai svegliata, e vive tutta la vita come se il suo unico scopo fosse inseguire il Bianconiglio. Di solito è un'allucinata fricchettona, cerca di convincervi di teorie New Age per cui la Realtà è una *vostra* costruzione. Però pretende la massima attenzione per il *suo* mondo immaginario. Su una sola cosa ha un rapporto molto quadrato con la realtà: il denaro. La mia esperienza di psicologo clinico mi ha insegnato che anche gli psicopatici gravi, se metti loro in mano un mazzo di centoni, lo contano e lo soppesano con interesse. Di conseguenza, Alice ha un rapporto molto realistico con il vostro denaro: ve lo chiede senza pudore, e lo spende con assoluto realismo.

✏ *Antidoto*: Mostratevi in bolletta. Meglio passare per tirchi, che sembrare la Banca del Paese delle Meraviglie. Alice cercherà un'altra realtà parallela, e vi lascerà stare.

45. L'ARRAMPICATRICE CONTO TERZI

L'arrampicatrice conto terzi, fino a un po' di tempo fa, era un tipo quasi esclusivamente femminile: una donna che cercava nell'uomo maturo, influente e di successo un'occasione di riscatto e di ascesa sociale. Oppure prendeva un uomo giovane, suo coetaneo, promettente negli studi o nel lavoro, e ne pompava l'ego come fa un coach con un atleta, cercando di farlo salire in carriera, e arricchire in banca. Oggi questo tipo di stronza è abbastanza diffuso in tutti i gender: molti maschi etero, molti gay, molte lesbiche non fanno mistero di cercare nel partner un buon "muletto" da ascesa sociale. La partita, però, è quasi sempre persa in partenza. Se siete il muletto prescelto, quello che fate non basterà mai. La contoterzista si trasformerà in una versione molto più cinica e specializzata della stronza a ostacoli (Tipo n. 80). Se siete dei carrieristi o delle carrieriste, potreste illudervi di trovare in questo tipo di stronza la partner ideale, giusto? No, sbagliato: la sua dedizione a voi è strumentale e relativa, non sentimentale e assoluta. Appena avrete un momento di difficoltà o di cedimento, cambierà partner con una rapidità stupefacente. Vi libererete di lei? Difficile: non ci si libera mai del tutto da una stronza. Dopo avervi umiliato, in qualche modo rimarrà presente nella vostra vita. Per esempio, si fidanzerà con un vostro collega più potente o di successo di voi, e sarà inevitabile trovarsela davanti a ogni convegno, cena sociale, occasione mondana.

✏ *Antidoto*: È possibile sfuggirle, ma bisogna fare un progetto di vita in cui, anche se avete grandi obiettivi, dovete sforzarvi di apparire meno rampanti, meno capaci, meno ambiziosi di quello che siete veramente. Questa scelta non solo è un ottimo esercizio per temprare il vostro carattere, ma vi consente di volare basso, senza farvi beccare dal radar super-sensibile dell'arrampicatrice.

46. L'arrampicatrice in proprio

Lo stronzo in carriera sgomita, è sleale e fa di tutto per mettersi in luce. La stronza in carriera invece lavora per cordate, per piccole strategie opportuniste e, passettino passettino, un bel giorno ve la ritrovate sulla vetta, accanto ai capi dei capi. L'arrampicatrice in proprio quasi mai si lega sentimentalmente a qualcuno dell'ambiente, è troppo furba per limitarsi, ma tesse in continuazione trame e alleanze. La sua specialità consiste nel far conoscere persone fra di loro, con la dichiarazione che potranno essersi utili: in realtà sono utili soprattutto a lei, e connetterli rafforza il suo network. Tutti, alla fine, per parlarsi hanno bisogno di passare attraverso di lei.

✏ *Antidoto*: Se il gioco delle cordate può interessarvi, provate a mettervi in rapporto con lei. In fondo non avete nulla da perdere. Però dovete mantenere sempre una parte del vostro network invisibile al suo: deve entrare nella vostra vita, ma non deve mai diventare la vostra consigliera, o la vostra unica sponsor. Perché se, un domani, scoprisse che non le siete più utile, vi lascerebbe cadere in un istante, e vi ritrovereste al punto di partenza, con le ossa rotte.

47. La tele-stronza

La televisione, inutile negarlo, influenza il nostro comportamento e il nostro stile di vita. Ma la tele-stronza esagera: tutto quello che fa ricalca in modo fedele i modelli televisivi. Fin da quando era ragazza e vedeva *Happy Days* e *Love Boat* (se è una quarantenne) oppure *Heidi* e *Atlas Ufo Robot* (se è una trentenne), la sua unica scuola di vita è stata il tubo catodico. E oggi? Semplice: fa l'amica-nemica come in *Casalinghe disperate*, fa diagnosi a cazzo pure sul vostro raffreddore, perché si sente il *Dottor House*, oppure crede di avere uno spiccato senso di osservazione, dopo avere visto tre serie di fila di *Csi*. Ha persino opinioni sul controllo delle nascite, o sull'ambiente, perché la sera prima ha visto un talk show con un politico.

Come fate ad accorgervi di essere in presenza di una tele-stronza? Se la sera prima avete visto almeno per un'oretta la tv, facendo adeguatamente zapping fra vari generi di programmi, vi accorgerete che quando parla ripete pari pari intere espressioni, frasi e pensieri che ha ascoltato la sera precedente.

✏ *Antidoto*: La tele-stronza ha un punto debole: vuole sempre sapere cosa ne pensate di un certo personaggio di *Six Feet Under*, o se siete d'accordo sul fatto che rimettano in circolazione *Buffy, l'ammazzavampiri*. Insomma, parla solo di tv. Voi non potete dirle: «Mi spiace, non ho la tv», perché non vi crederebbe. Non potete dirle: «Ho la tv, ma non sono cerebroleso come te, la guardo con distrazione e soprattutto non mi ricordo tutte le stronzate che dicono in tv», perché si offenderebbe. Provate invece a dirle: «Scusa, ma è un periodo che la tv la guardo poco». Dopo un po' vi lascerà perdere, perché troverà la conversazione con voi priva di spunti, e noiosa.

48. La manager

Negli alti ruoli aziendali troviamo più facilmente stronzi, che non stronze. La distanza, la freddezza e l'autoritarismo da stronzo sono spesso ingredienti necessari per dare gusto all'arte del comando. Però, data la grande trasformazione in corso nelle teorie sulla leadership, le catene gerarchiche si sono fatte meno verticali: capita di darsi del tu con l'amministratore delegato, di partecipare a dei corsi di formazione sulle emozioni e l'espressione creativa, di trovarsi insomma in una relazione più stretta con chi ci comanda: magari non possiamo parlare proprio di una relazione di intimità, ma almeno di prossimità.

Ed è su questo terreno, come abbiamo già visto, che sono forti le stronze.
Lo schema con cui si muove la stronza-manager è più o meno questo: ti fa credere che anche lei è un essere umano come gli altri, ti racconta due o tre episodi sulla sua vita familiare o sulla sua salute, e ti porta piano piano ad aprirti e a condividere con lei anche i momenti più personali e intimi della tua vita. Il gioco però è asimmetrico: per una cosa che tu sai di lei, lei ne sa almeno cinque su di te.

All'inizio tutto questo è molto seduttivo (vedi la stronza seduttiva, Tipo n. 9), perché l'idea è quella di un capo "umano". Quasi tutti amano parlare di sé e dei propri guai, e avere un "capo che ascolta" è una vera meraviglia. Dove sta l'inganno? Semplice: il fatto che il capo viene visto più come un "amico" che come un "manager" ti porterà a dire sempre di sì (negheresti mai il tuo aiuto a un amico?). Se farai uno sbaglio o avrai qualche risultato poco brillante, la stronza-manager ne sarà addolorata come per un'offesa personale, e tu ti contorcerai nei sensi di colpa. Insomma, l'eccesso di intimità in azienda si trasformerà in un altro validissimo strumento (l'ennesimo) per fotterti.

✏ *Antidoto*: È molto difficile sottrarsi a questo tipo di situazioni. La maggior parte della popolazione attiva trascorre moltissime ore al lavoro, ed è facile che si creino dinamiche di intimità con persone che vediamo tutti i giorni per otto-dieci ore. Nel caso della stronza-manager, però, dovete stare all'erta: mostrate di assecondare il suo gioco, ma con un senso strategico molto chiaro. Non si dà niente per niente: vi ha chiesto un "favore"? Chiedetene uno voi il giorno dopo, e non lasciate passare troppo tempo perché le aziende hanno memoria corta. Vi ha fatto raccontare di voi? Chiedetele con garbata insistenza qualcosa sulla sua vita. Molto presto capirà che con voi si gioca un gioco diverso, fatto di sorrisi e di scambio alla pari. Se è intelligente vi stimerà, altrimenti vi porterà almeno un po' di rispetto.

49. La talebana

La talebana (talebano) vive in un Paese occidentale, ma il suo orologio è fermo agli anni Cinquanta: niente abiti provocanti, pochi svaghi, poche spese voluttuarie (la parola "shopping" è bandita), dedizione alla famiglia e al lavoro. I suoi figli vengono allevati in modo rigido, senza televisione, ed educati alla frugalità estrema. Ma il problema è che poi, in mezzo ai compagni di scuola cresciuti a videogame, fumetti e telefonini, saranno dei ragazzini disadattati. D'altro canto, la talebana di queste cose non si interessa: lei è così fin dall'infanzia, e non è mai stata giovane. Il fatto di ispirarsi a dei valori vecchiotti, e fuori dal tempo, la fa sentire moralmente superiore. Di solito questo tipo di personalità è essa stessa frutto di un'educazione talebana, e anzi la famiglia le ha inculcato che la prima cosa da difendere è il *taliban pride*, l'orgoglio di essere talebani tutti d'un pezzo. *Talebanizzare* il mondo è il suo grande sogno, ma, visto che non ce la può fare, ha deciso di rifarsi con voi.

✏ *Antidoto*: La talebana è nociva soprattutto nella sfera degli affetti familiari, mentre sul lavoro è quasi innocua, perché tutti finiscono per trovarla noiosa e la emarginano. Quindi, se avete una storia d'amore con una talebana, rassegnatevi a convertirvi in tutto o in parte, oppure a vivere una doppia vita. Un po' come i ragazzi e le ragazze dei paesi islamici dove è in vigore la *sharia*, dovrete nascondere dietro uno spesso velo di mistero tutte le cose divertenti che fate o pensate. Lei non sopravviverebbe all'idea che la tradite con un iPod, o che vi sparate sei puntate di seguito della vostra serie tv preferita.

50. La farma-stronza

Si fa scoprire subito: a una cena, qualcuno dice di avere mal di testa. La farma-stronza tira fuori dalla borsa il Moment, l'Aulin o, in caso di dolore acuto, il Contramal. Molto presto vi accorgerete del vero problema: ha sempre con sé un'intero presidio sanitario per curare gli altri, e una borsa capace di contenere i tre quarti del prontuario di farmaci autorizzati dal Ministero della Salute, eppure a lei manca sempre la medicina di cui ha bisogno. E ne ha bisogno subito: indovinate, chi gliela deve procurare? Se dorme a casa vostra, verso le due di notte vi sveglia, per chiedervi se avete del Plasil o dell'Otilonio Bromuro: si è svegliata con la nausea. Non li avete? Male, dovete cercare immediatamente la farmacia più vicina, e andarglieli a comprare. Non importa se fuori piove o nevica, e correte il rischio di ammalarvi voi, sul serio. Lei non ammette repliche: mentre siete fuori in cerca di una farmacia aperta, naturalmente, vi chiamerà sul cellulare, perché si è scordata di darvi la ricetta medica di un antidepressivo importante, senza il quale non vive. Rientrate a casa trafelati, e la trovate in crisi di panico che rovista nell'armadietto del bagno, in cerca di un'aspirina o di un analgesico.

La farma-stronza, insomma, non è esattamente una malata immaginaria. Piuttosto, è convinta di avere la cura (farmacologica) per tutto. I nomi dei medicinali la rassicurano, la aiutano a tenere la sua e la vostra vita sotto controllo, ne conosce migliaia: la sua lettura preferita non sono i libri o i giornali, ma i fogli di istruzioni per l'uso. La sua giornata è scandita per fasi: diagnosi, terapia, posologia, dosi consigliate, controindicazioni, antidoti in caso di effetti collaterali. E siccome anche voi fate parte della sua vita, dovete piegarvi alla dittatura del prontuario.

✏ *Antidoto*: La farma-stronza, sia uomo sia donna, ha bisogno di voi come un tossico ha bisogno del pusher. L'antidoto (con lei è proprio il caso di dirlo) non esiste. L'unica chance che avete è prevenirla. Se è fissata con le medicine alternative e con l'omeopatia, ditele che siete fan dell'aspirina e della cara vecchia medicina allopatica. Se invece è dipendente da farmaci qualunque, ditele che credete nei Fiori di Bach, nella cromoterapia e nelle intolleranze alimentari. Il fatto che non aderite alla sua «religione», in un caso e nell'altro, la manderà fuori di testa, e molto presto vi lascerà stare.

51. La Contessa in Carrozza

Grande alleata della Principessa sul Pisello (Tipo n. 39), la Contessa in Carrozza ama le comodità, e vuole essere, in tutti i sensi, scarrozzata. Dovunque debba andare, ce la dovete portare voi, o almeno dovete seguirla come una fedele dama di compagnia. Non fa mai cose scomode, non raccoglie un oggetto che cade, non porta mai una borsa o una valigia, insomma vive come se intorno a lei rotasse l'intera corte di Versailles. Solo che i tempi sono cambiati, i Principi non sono più quelli di una volta, e alla nostra amica non resta che un unico e fedele collaboratore domestico: voi. La lista dei «piccoli servizi» che vi richiederà si allunga di giorno in giorno. Lavorate? Non importa, nel percorso fra casa e ufficio il tempo per fare un salto in lavanderia lo trovate. Vorreste del tempo libero? Ma cosa vi costa se, all'uscita dalla palestra, la accompagnate un attimo a fare la depilazione? Molto presto conoscerete a memoria la tappezzeria delle sale d'aspetto di dentisti, fisioterapisti, sarti e veterinari dove dovrete accompagnarla.

✏ *Antidoto*: Una difesa temporanea può essere quella di rendersi disponibili "a singhiozzo": telefonino staccato per qualche ora, piccole bugie su auto in panne o improvvise riunioni al lavoro, eccetera. Ma alla lunga, dovrete cedere. Se non potete fare a meno della Contessa, aiutatevi con iPod per ascoltare musica, libri, riviste, videogame portatili. Vi serviranno per farvi una cultura, e ammazzare il tempo fra una sala d'attesa e l'altra.

52. La Regina della notte

La Regina della notte, al pari del celebre personaggio del *Flauto Magico* di Mozart, è una figura femminile potente, di solito una parente stretta o una madre, che cerca di influenzare in maniera nefasta la vita della figlia e del suo amante. È, insomma, la nemica dell'Amore con la A maiuscola, perché lei non avrebbe più voce in capitolo se i sentimenti trionfassero, con tutta la voglia di indipendenza e di abbracciare una nuova vita a cui aspirano i giovani amanti. Solo che, mentre nell'Opera di Mozart la Regina viene sprofondata nelle tenebre dal trionfo di Amore, nella vita di tutti i giorni le cose sono parecchio più complicate e confuse.

✏ *Antidoto*: Neutralizzare questo tipo di stronza, apparentemente, non è difficile. È una questione di lucidità, di volontà, ma soprattutto di sintonia con la persona che amate. Ad esempio: siete una giovane donna italiana, e il vostro fidanzato ha una madre invadente e gelosa, che vi odia con tutte le sue forze e trama alle vostre spalle. Fino a qui niente di male, metà delle madri italiane – o meglio, delle madri di tutto il mondo – quando si trasforma in suocera, diventa pessima. Il punto è: il vostro fidanzato (che è il vero oggetto della contesa) ha davvero voglia di emanciparsi e di smarcarsi da questa madre invadente? Se la risposta è sì, allora la partita è possibile. Sennò è impossibile uscirne: abbandonate la Regina della notte e il Reginetto al loro mortale abbraccio edipico, e prendete le distanze.

53. La guru

Dirige un Centro Studi sulla Consapevolezza, oppure scrive libri su come ottenere la felicità spirituale e materiale. Curiosamente, nonostante i suoi discepoli e discepole la adorino e la coprano di soldi, lei ha un'aria piuttosto mesta. Non parla mai di denaro: qualcuno tocca e amministra il denaro per lei. Normalmente si circonda di una corte di persone deboli, bisognose di riscatto e di protezione, che pensano a lei ventiquattro ore al giorno. Dice sempre che «tutto questo», i seminari e le sedute, le conferenze e i convegni, per lei «è un servizio». Una voce, un bel giorno, le ha detto che doveva occuparsi della felicità del prossimo, e «trasmettere insegnamenti». E lei così ha fatto. Di se stessa e delle origini del suo sapere dice poco, in teoria avrebbe ricevuto degli insegnamenti da un qualche maestro indiano, o da un eremita delle grotte anatoliche. In realtà è una personalità scaltra, imbottita di letture approssimative e desiderosa di avere il mondo ai suoi piedi. Non ride, sorride con un lieve cenno del capo, è solenne, e se si incazza può incutere timore come il personaggio della suora nel film dei *Blues Brothers*.

✏ *Antidoto*: I problemi con la guru sono sostanzialmente due, il vostro conto in banca e la vostra dipendenza. Quando vi dice che per lei «i soldi non sono importanti», si riferisce ai *vostri* soldi. Una volta che i vostri saranno diventati suoi, il gioco è fatto. Entrare nel giro della guru vuol dire prepararsi a una serie di donazioni sempre più gravose, che farete con la gioia di contribuire al «servizio» di uno «spirito illuminato». La vostra dipendenza, ovviamente, è inversamente proporzionale al vostro conto in banca: più aderirete alla nuova "comunità", meno bisogno avrete di soldi vostri. Insomma, l'unico consiglio che vi si può dare, se incontrate la stronza guru, è di darvela a gambe prima che sia troppo tardi.

54. La stronza scrittrice

La stronza scrittrice è una vostra amica o amico che scrive per i giornali, oppure pubblica libri, o magari ha un blog. Un bel giorno, mentre state leggiucchiando una delle sue pagine, rimanete di sale: tranne pochi dettagli e il cambiamento di qualche nome e circostanza, la vostra vita è finita completamente in pagina, senza il vostro consenso. Quando le telefonate per protestare che questo è un colpo basso, e che tra amici non si fa, e che adesso tutti sghignazzeranno alle vostre spalle, la stronza ovviamente negherà tutto, oppure dirà che si tratta di una sua «libera trasfigurazione di esperienze vissute». Esperienze in cui, guarda caso, ci siete voi che vi mettete le dita nel naso, o litigate con una fidanzata, o vomitate in pieno doposbronza, con tutti i dettagli del vostro arredamento di casa ottimamente descritti, perché non ci sia dubbio che siete proprio voi. La stronza scrittrice si rende perfettamente conto del fatto di avervi usato come *materiale narrativo* – tutti gli autori sono un po' delle stronze, sotto questo punto di vista, e anche io non faccio eccezione – solo che non gliene frega nulla di mandarvi al massacro in nome dell'arte.

✏ *Antidoto*: Il vero antidoto non esiste perché del fattaccio vi accorgerete quando è ormai troppo tardi. Se siete completamente e inequivocabilmente riconoscibili, potete ricorrere a un avvocato per farvi indennizzare, anche se ormai il danno è fatto. Ma c'è un'altra soluzione: ringraziate pubblicamente l'autore per avervi immortalato in un'opera d'arte, e dipingetevi come sua vera Musa ispiratrice, dicendo che il novanta per cento di quello che scrive lo si deve a voi. Lo so, è una tecnica da stronze maldicenti (Tipo n. 95), ma quando ci vuole ci vuole.

55. La fotografa

La fotografa è ossessionata dal voler documentare tutto, ma proprio tutto quello che le succede durante la giornata, come se fosse l'album dei ricordi di una celebrità e il mondo dovesse sapere. La prima cosa che ne fa una stronza in piena regola sono le didascalie: più sono festose e fuorvianti, più lei è stronza. Ad esempio, una gita con gli amici al mare diventa un diario di quaranta scatti intitolati *Sirenette e Sirenetti in azione*, un pranzo con i colleghi a base di Big Mac e salse varie diventa uno storyboard intitolato *Viva l'hamburger di gruppo*, e via dicendo. Ma questi sono solo i sintomi lievi. Quello che ne fa una stronza grave è il fatto di essere una fotografa infestante. Pretende di farvi vedere i suoi migliori album di scatti stampati e incollati su pesanti libroni, vi fa assistere a pallosissimi slide show con le tapparelle abbassate, e vuole un vostro commento interessato a ogni immagine. Da quando esistono le mail e il web 2.0, poi, la stronza fotografa non ha più confini, è diventata una nomade globale. Vi invia in continuazione foto di gruppo in cui siete stati ripresi a tradimento e avete un'espressione stralunata, appiccica sulla vostra pagina di Facebook ogni sua cazzata effimera, vi manda il link della sua pagina/bacheca su Flickr, e poi vi chiede cinquanta volte se l'avete visitata.

✏ *Antidoto*: In forma lieve, la fotografa è simpatica. Ma, se esagera, smettete di risponderle. Ignorate. Se vi chiede di andare a vedere le foto a casa sua, datevi malati. E soprattutto, ignorate sistematicamente gli attachment della sua mail (la scusa più sbrigativa è «perdona, non mi ero accorto che c'era un allegato»). Facendo così, dopo un po' le sue aggressioni esibizionistiche rallenteranno.

56. La spiritista

La spiritista guarda sempre a destra o a sinistra sopra le vostre spalle, come se aveste un pappagallo o una scimmia che vi tiene compagnia appoggiato lì sopra. Ma il pennuto non c'è, la scimmia neppure. C'è invece qualcosa di invisibile, che ovviamente sente e percepisce solo lei. Le domande che vi fa sono del tipo: «Per caso avevi uno zio, o un nonno o un parente biondo?», «Qualcuno che conosci è morto per annegamento?», «È molto che abiti in questa casa?». Se rispondete sì, lei dirà «Ecco, si sente che ti è vicino». Se rispondete no, dirà: «Strano, avverto distintamente una presenza». Insomma, se siete facilmente suggestionabili, la spiritista entrerà presto nella vostra quotidianità, e ogni minimo evento della vostra vita domestica sarà presenziato da guide, parenti, amici e nemici, che hanno tutti la poco invidiabile caratteristica di essere defunti. Lei, ovviamente, è il "tramite", il "canale" attraverso cui l'aldilà ha deciso di parlarvi.

✏ *Antidoto*: Vi sono vari modi di togliersi di torno questo tipo di stronza. Il primo è di mostrarsi ironici, ad esempio dicendole che dovrebbe farsi meno canne, o che lo zio era biondo da ragazzo, e ora che è morto stecchito a ottantasette anni avrebbe come minimo i capelli tinti. L'ironia non è tra le cose che la spiritista può comprendere, la mette in fuga più degli spiriti dell'Ade. Il secondo modo è fingere di essere medium anche voi, ma mettendovi a cavillare: «No, il nonno di Ruth non è qui in salotto dove lo vedi, sento con chiarezza la sua presenza in cucina, vicino alla finestra». La spiritista non è preparata a essere sfidata sul suo terreno di competenza. Il terzo è di chiederle di fare una seduta di scrittura automatica, e di uscirvene di casa mentre lei continua a scarabocchiare sul foglio i suoi messaggi dall'aldilà. Ditele che uno spirito-guida vi ha indicato che, mentre lei riceveva segnali, voi dovevate andare un paio d'ore in palestra.

57. La astro-stronza

Di che segno siete? La domanda ve l'hanno fatta mille volte, quindi sulle prime rispondete senza problemi. E l'ascendente? Ok, anche qui nessuna difficoltà. E il Quadro Astrale? Qui cominciate a titubare. E Saturno in che Casa si trovava, quando vostro padre e vostra madre si sono conosciuti?

Se il cerchio delle domande comincia a stringersi, forse siete capitati tra le grinfie di una stronza astrologa, una che interpreta tutta la sua (e la vostra) vita nei termini di una seduta di cosmologia simbolica. La astro-stronza si distingue da una normale persona con la passione per l'astrologia, perché la sua competenza magica diventa un valido criterio per manipolarvi, per indirizzare le vostre decisioni, per tenervi sotto scacco. Tutto quello che fate si spiega con l'influsso degli astri, e tutto quello che farete dovrete d'ora in poi negoziarlo con lei.

Che sia un'amica, un'amante o una collega, la astro-stronza limita la vostra libertà di scelta e il vostro senso critico, facendovi sentire dei fuscelli in balia del vento solare.

✏ *Antidoto*: Non voglio essere sgradevole, ma il problema siete voi, non la astro-stronza. Dovete chiedervi: per quale motivo ho avuto bisogno di rimettere delle decisioni importanti nelle mani di una manipolatrice? Perché non mi fido di me e delle mie forze? È una domanda scomoda, lo so. Ma provate a rispondervi con sincerità, guardatevi allo specchio e venitene fuori, prima che sia troppo tardi.

58. La reduce

La reduce è una persona con cui avete oggi una storia sentimentale, una relazione o anche un matrimonio, e che si distingue, appunto, per essere reduce da un'altra storia, più o meno recente. Voi potreste pure dirmi: «Non me ne può fregare di meno, io sono io, e non mi curo certo degli ex e delle ex». In realtà invece dovrete curarvene, eccome. Un rapporto con una reduce (uomo o donna che sia) è un po' come un rapporto a tre: voi, lei e la persona della storia precedente. Tutto quello che farete verrà giudicato in base a quanto è già stato vissuto in precedenza con l'altro/a. Voi non c'eravate, ma lei sì, e adesso dovete in qualche modo pagare, come se ci fosse una tassa, una ex-tax a cui dovete sottostare. La reduce, quando vi parla, spesso usa il plurale, includendo voi e l'ex (che il più delle volte non avete neppure mai visto): «Ecco, *con gente come voi* non ci si può fidare», «Voi dite sempre di sì e poi vi fate i cavoli vostri». Spesso la reduce proviene dalla grande storia della sua vita, e voi non siete che un surrogato. Spesso è reduce da una serie di fregature con partner cialtroni (vedi qui sotto, Tipo n. 66), e quindi vi giudica cialtroni a prescindere. Molto spesso la reduce non sa neppure spiegarvi da cosa è reduce, magari la causa del suo reducismo è un rapporto edipico irrisolto con un genitore, e quindi voi siete lo schermo su cui proiettare infinite volte il film delle frustrazioni della sua vita. La reduce ha di solito amiche e amici parimenti reduci, che frequenta con la stessa malinconia rabbiosa delle associazioni tra veterani di guerra, e che aumentano la sua amarezza verso il mondo dei "civili".

✏*Antidoto*: Se aspirate alla santità, potete provare ad armarvi di infinita pazienza, aspettando che la reduce si fidi di voi (cosa assai infrequente). Altrimenti presentatele alla svelta una salvatrice (vedi qui sotto, Tipo n. 95), e sfilatevi alla svelta dal rapporto. E cercate di non andare a ingrossare le fila della categoria, diventando voi i reduci di lei.

59. L'eterna figlia

L'eterna figlia cerca in tutti i rapporti umani una figura di genitore. Siete pronti? La relazione si baserà solo sull'accudimento, sulla rassicurazione, sul fatto che vi assumiate voi responsabilità e protezioni che lei non sa darsi da sola. La soddisfazione di essere genitori, però, è vedere crescere i figli. L'eterna figlia stronza è invece è una che sotto sotto ci ha preso gusto: quando è sola in giro con amici e amiche, è più indipendente di una teppista punk. È solo con voi che si torna alla cuccia tiepida e rassicurante, alle lacrimine sulla spalla, al calore confortante della coperta di Linus.

✏*Antidoto*: A meno che non vi piaccia sentirvi genitori a vita di un pupazzo inquietante, dite di no, due volte su tre, alle sue richieste di accudimento. Si allontanerà molto presto, dopo una fase in cui proverà a commuovervi facendo la piagnona (Tipo n. 87).

60. La vicina, ovvero la stronza condominiale

Ci sono dei condomìni (e dei condòmini) tranquilli. *Buongiorno e buonasera*, convenevoli da ascensore, auguri per le festività. Una volta o due all'anno qualcuno vi suona alla porta, per chiedervi se avete una cipolla o un cavatappi. Insomma, nessuno rompe veramente le palle a nessuno. Un condominio, però, come un ecosistema o un microclima tropicale, risente anche dei minimi cambiamenti. Basta una stronza condominiale, ed è finita. La stronza condominiale sta al condominio come l'attivista di base di un partito sta alla politica, o come il pornomane sta a www.youporn.com. Semplicemente, non ha molto altro da fare di interessante, e quindi mette annunci, convoca riunioni, raccoglie firme per qualsiasi problema, presenzia a tutte le riunioni condominiali dopo una accurata e profonda preparazione. Da lei (o lui) imparate che vi sono cornicioni pericolanti, muri scrostati, cantine a rischio di allagamento e adolescenti problematici che hanno inciso delle scritte con un coltellino sul tetto dell'ascensore (e chi ci aveva mai guardato?).

Internet, la globalizzazione, la televisione possono molto poco sulla stronza condominiale. Il condominio è tutto il suo mondo, e quando vede il G8 in televisione pensa che sia una specie di riunione di condominio tra incapaci (su questo, a pensarci bene, non ha tutti i torti): se convocassero lei, per il G8, saprebbe come mettere ordine in quello sgangherato condominio che è il Pianeta Terra.

✏ *Antidoto*: Rassegnatevi, con la stronza condominiale diventerete come degli stranieri in casa vostra. Dovete sgattaiolare dall'ascensore al portone sperando che non vi intercetti, se la sentite suonare alla porta fingete di non essere in casa, studiate i suoi orari e imparate a muovervi quando il rischio di incontrarla è minore. Può venirvi utile lo studio del Ninjutsu, un'antica arte marziale giapponese che insegna ai guerrieri a muoversi furtivamente e a divenire invisibili, calandosi dalle finestre e dalle grondaie. Ma alla stronza condominiale non si sfugge mai del tutto. Quando la incontrate, dunque, fingetevi stupidi, sbadati ma gentili: vi riterrà dei perfetti idioti. Firmate quello che vi dà da firmare, e dimenticate tutto.

61. La migliore allieva

Succede in tutte le Università del mondo: la migliore allieva del professore diventa prima la sua amante, poi la sua unica interprete, discepola, ambasciatrice, moglie, erede. Queste alleanze, dove il letto e la Scienza si mescolano alla perfezione, sono assai più frequenti di quanto si crede. Apparentemente nulla di eccezionale, se non fosse che, due volte su tre, la migliore allieva, oltre che amante, è anche una perfetta stronza. Tende a fare il vuoto intorno a sé, influenza le decisioni del capo su chi deve fare carriera e chi no, vede rivali ovunque. Insomma, il principio di obiettività della ricerca scientifica va a farsi fottere in pochi mesi. Dovete quasi sperare che sia un'arrampicatrice conto terzi (Tipo n. 45) o una fidanzata a termine, perché in questo modo, una volta ottenuto quel che voleva per la sua carriera, si fa da parte o diventa una semplice concubina spirituale.

✏ *Antidoto*: Se volete solo laurearvi o fare un dottorato, cercate di andare al sodo, fatevela amica e non create incidenti – non vi conviene. Se invece volete fare carriera all'Università, le cose si complicano. Il problema è di mantenere vivo il rapporto scientifico con il capo, senza che la migliore allieva vi si rivolti contro. Se siete ancora in tempo, vi conviene cambiare capo. Altrimenti, fate uso della massima diplomazia e accortezza, e pregate che la migliore allieva prima o poi cada da sola, o venga sostituita da una nuova stella nascente. Nei casi più machiavellici, diventate pure alleati della migliore allieva, aiutandola a far fuori le sue rivali in amore, e lei vi aiuterà a far fuori i vostri concorrenti scientifici.

62. La peggiore allieva

La peggiore allieva è molto meno pericolosa del tipo precedente, ma è pur sempre un intralcio al corretto andamento di una cattedra universitaria. Si tratta di una studentessa mediocre, che intrattiene rapporti da concubina con il professore. Non può aspirare a diventare una sua discepola sul piano scientifico, perché è una mezza scema, però tende a contaminare tutto il clan, dalle matricole agli assistenti più affezionati, con dei comportamenti disonesti e depravati. E a dire il vero è il capo che, essendo un perfetto stronzo sciovinista, ritiene del tutto legittimo usare quel poco potere che ha come leva di conquista sessuale, e si circonda di simili puttanazze senza il minimo pudore.

✏ *Antidoto*: Che siate un semplice studente, o che puntiate a una carriera scientifica, fate finta di nulla. Non alimentate voci, non parlate male né dell'allieva né del capo, non vi mettete in mezzo. Si chiama la tecnica delle tre scimmie: voi non avete visto né sentito nulla, e non parlate. Perché? È semplice: il capo lo sa di essere un depravato, e ha bisogno di allievi e allieve normali per mandare avanti la sua attività scientifica. Il patto silenzioso è: voi non interferite coi suoi commerci sessuali, e lui vi stimolerà e appoggerà nella ricerca. È poco bello lo so, ma così va il mondo. Questo non è un libro di morale, ma un manuale di sopravvivenza.

63. Il gatto nero e pesante

L'immagine è un po' volgare: immaginate un grosso gattone nero che, con la scusa di arrotarsi le unghie, vi si appende agli attributi e comincia a tirare, e non vi molla più. Alcune persone concepiscono così l'amicizia, o le relazioni di lavoro, o i sentimenti. Sono dei pesi morti, di solito in depressione cronica, e vogliono trascinare anche voi verso il basso. Non è colpa loro, ma tutto quello che entra nella loro orbita energetica subisce un'attrazione gravitazionale fortissima.

Se siete un minimo sani di testa, in loro presenza avvertite un'oppressione sul petto, una difficoltà respiratoria, un martellamento alle tempie. Voi trovate queste sensazioni insopportabili, ma loro hanno un fisico più temprato di un operaio in miniera, possono sopravvivere per anni nella penombra e nella privazione di ossigeno.

✏ *Antidoto*: Sorridete, sorridete, sorridete e staccate l'audio. Non ascoltate le loro argomentazioni, non ne hanno alcuna valida. Vogliono solo dimostrarvi che la vita è un lungo tunnel senza gioia. E in effetti, il loro è quello che il guru della controcultura californiana, Robert Anton Wilson, avrebbe definito un "tunnel di realtà": non vedono altro che la loro situazione esistenziale, e pensano che anche voi siate come loro. Con educazione, ma con fermezza, levatevele dalle palle.

64. La stronza fashion

Per lei quello che andava ieri sera, stamattina non va più bene. Lei è fashion, e se anche voi non siete fashion siete condannati a vivere nella tenebra. Qual è il ristorante giusto? Cosa indossava Angelina Jolie all'ultima notte degli Oscar? In quali locali siete automaticamente in lista per il privé? Non vi preoccupate di questo? Lei sì. La stronza fashion, insomma, ha un immenso deficit umano e mentale, e cerca di riempirlo con un cumulo di sciocchezze. Solo che sono sciocchezze costose, impegnative, totalizzanti.

✏*Antidoto*: Se un minimo vi interessa, adulatela e ditele che sembra una rockstar. In fondo è questo che cerca, un po' di approvazione e di rassicurazione per il suo ego traballante. Sennò, levatevela di torno prima possibile.

65. La secchiona

La secchiona vede solo film pallosi, mangia poco sano, fa poco o nulla sport e il suo rapporto col mondo è puramente mentale. Di solito è moralmente molto rigida, i suoi idoli sono pochi premi nobel e pochi grandi geni della Storia. Legge per studio o per lavoro, e di solito non le interessa tenersi aggiornata con le mode, le tendenze o perlomeno le atmosfere della contemporaneità. A differenza della stronza fashion (Tipo precedente), la secchiona veste maluccio, e soprattutto in maniera colpevolizzante, in modo da nascondere o neutralizzare la sua parte sexy. È seria, è così seria che non capisce chi non è come lei, ed è qui che la sua superiorità si rivela una pura presunzione. La secchiona pura sente che, se si lascia andare alle sue emozioni, non sarà più in grado di controllarsi. È come una suora laica. Ma la stronza secchiona è ancor peggio: è convinta che, se lei e le sue simili non ci fossero, il mondo andrebbe a rotoli.

✏*Antidoto*: Adulate anche lei come la stronza fashion, ma ovviamente in maniera più sobria. Non cercate di apparire più colti o preparati di quello che siete, perché la secchiona non perdona – ricordate che lei ammira Hegel, Proudhon,

Goedel e Freud, non potete farcela a competere con i suoi modelli. Magari fatevi beccare con dei Dvd di filmetti polizieschi o casalinghe disperate, o ditele che adorate film di cassetta come *Un poliziotto a Beverly Hills*. Sarà lei ad allontanarsi in punta di piedi, per paura di contaminarsi.

66. La cialtrona

La soglia di attenzione della cialtrona dura dall'aperitivo al dopo cena, ha massimo due amici – una donna e un uomo, meglio se gay, che alterna come se fossero animali da compagnia – e un'infinità di conoscenze superficiali. Fa un lavoro ordinario senza particolare talento, e invece è tutta proiettata sulla vita sociale, senza però lo smalto pseudoculturale e mondano della stronza social (Tipo n. 36). Vive di chiacchiere, di vacanze inscatolate in destinazioni tropicali di massa. Si sposa sempre senza innamorarsi. Anzi, forse non si è mai innamorata sul serio, perché le costerebbe fatica. In fondo è felice, perché avendo due neuroni a disposizione in tutto, non li impegna troppo per pensare. Presenta una sola caratteristica pericolosa: a forza di vedere film-commedia sentimentali, simula piuttosto bene i dialoghi d'amore. Se ci cascate, anche solo per una breve relazione, vi sentirete dire cose tipo «mi manchi da morire, ti sento», oppure «ti amo tantissimo»: ma non cambia espressione quando lo dice, e questo abbastanza presto la frega.

✏ *Antidoto*: Non c'è bisogno di antidoto. Se vi piace, siete uno dei suoi due amici. Se non vi piace, non la noterete neppure. Se avete una storia con lei, e ve ne innamorate, non avete bisogno di uno psicologo ma di uno psichiatra.

67. La mignottona

Il suo motto è «non si dà nulla per nulla», la sua arte è il trading, la negoziazione sottobanco, la marchetta. La sua frase ricorrente è «Cosa ci guadagno?». Nessuno ha stima di lei, ma alla fine quasi tutti pagano per ottenere i suoi servigi. In fondo in fondo sarebbe anche simpatica, perché con lei basta concordare, tutto ha un prezzo a questo mondo. L'aspetto meno simpatico è che un bel giorno l'oggetto della vendita o dello scambio potrebbero essere le vostre beneamate chiappe: il vostro posto di lavoro, un'informazione riservata che vi riguarda, la vostra onorabilità.

✏ *Antidoto*: O siete i suoi migliori clienti, e la pagate talmente bene da mettervi al sicuro da tradimenti, o cercate di farvela amica, diventando suoi informatori: ogni tanto le passerete qualche notizia succosa e ben condita, in modo da tenerla occupata. Ma non le voltate mai le spalle per nessun motivo.

68. La serial-stronza

La serial-stronza è come l'araba fenice, risorge sempre dalle sue ceneri. Non è mai sconfitta, è solo temporaneamente latente, e appena si riprende dalla batosta subita ricomincia subito a operare con le stesse modalità di prima, cambiando ambiente. In effetti ogni stronza è un po' serial, ma qui siamo di fronte a un vero caso di coazione a ripetere. Vera artista dell'impunità, la serial-stronza evita di stagnare troppo a lungo in un ambiente: può cambiare mestiere dieci volte, e dovunque seminare disastri umani a catena in differenti aziende. All'opposto della stronza multitasking (Tipo n. 13), che è specializzata nel fare tante cose diverse simultaneamente, la serial fa sempre la stessa cosa in ambienti e luoghi diversi. Ad esempio, mette zizzania fra le coppie scatenando separazioni e divorzi. Oppure, utilizza tutti contro tutti in ufficio. Oppure, se fa un mestiere artistico rubacchia idee creative (ma rubacchia un po' a me, un po' a te, un po' a tutti). Ed è furba come una faina: appena capisce di aver tirato troppo la corda, sparisce e migra altrove.

✏ *Antidoto*: Cosa si fa con l'influenza? Si prendono dei farmaci sintomatici, aspirine o tachipirine, e si aspetta che passi, che si tolga dai piedi. La serial-stronza deve essere semplicemente messa in condizione di cambiare ambiente, prima possibile. Va contrastata con fermezza, ma con gentilezza, per evitare che prenda di acido e di rancoroso.

69. La strega

La stronza strega è convinta di avere poteri soprannaturali e, a forza di esserne convinta lei, anche gli altri cominciano a crederle. E la compiacciono per paura di essere segnati a vita, di cadere preda del malocchio o di fatture a morte. In realtà è completamente innocua. Ma, visto che alcune centinaia di persone credono il contrario, effettivamente diventa pericolosa: le leggende negative sono pur sempre leggende, e quindi hanno un potere di suggestione enorme. Per essere una stronza-strega bisogna vestirsi di scuro (nero, cremisi, viola), e fingere sempre di saperne una più del diavolo. Per cominciare a seminare la propria fama, basta ripetere abbastanza di frequente la frase «stia attento, dicono che io porto male»: il primo che poi veramente si romperà un braccio, o perderà il portafoglio, o avrà la casa bruciata, diventerà anche la prima "vittima ufficiale" del fan club di cerebrolesi che temono e rispettano la strega.

✏ *Antidoto*: Guardatela negli occhi e ditele una frase senza senso, tipo: «Io faccio parte dei figli di Loth, la settima luna nera è vicina», oppure «Il vento spazzerà la terra al terzo canto dell'upupa». Insomma, fatele credere di essere un vero mago sciroccato, o un mattoide di qualche setta segreta. Si allontanerà perché nel suo genere è una monopolista, e teme la vera concorrenza.

70. La groupie intellettuale

A differenza della groupie (Tipo n. 82), che si interessa solo di popstar e di celebrità dello spettacolo, la groupie intellettuale è una fan del talento e una devota dell'intelligenza: ha *assolutamente bisogno* di conoscere *di persona* scrittori, filosofi, pensatori, artisti. Il suo terreno di azione sono le presentazioni di libri, le gallerie d'arte, le fiere del libro, i convegni, e soprattutto la nuova pestilenza pubblica del secolo: i festival letterari e filosofici. A differenza del lettore appassionato, o dello studioso, o del serio aspirante scrittore che lavora ore e ore al giorno per produrre qualche buon risultato, la groupie intellettuale crede nelle scorciatoie. Crede che la chiacchiera da bar, o nei casi più fortunati la cena in compagnia del beniamino, sostituiscano l'esperienza intellettuale vera. Non le interessano esattamente le scritture, ma gli scrittori. Non le interessa esattamente la lettura, ma la conversazione, o meglio l'ascolto adorante. Visto che ogni celebrità intellettuale in fondo si sente sola e si annoia, la groupie si insinua con impudenza e si propone come ancella, accompagnatrice, segretaria informale, cortigiana e maggiordomo. Per accostare il suo idolo del momento sceglie strade bizzarre, chiede ragione di una quarta di copertina che ha appena letto, fa una domanda a effetto strampalata del tipo «Le piace la confettura d'arance?», oppure «Ha mai visitato l'Anatolia interna?».

✏ *Antidoto*: Se non siete una celebrità intellettuale siete salvi. Altrimenti dovete fare uno sforzo (dài che ce la fate) e mostrarvi scostanti e maleducati. Nel codazzo dei fan adoranti, a questo punto, sopravviveranno solo le maso-stronze (Tipo n. 25).

71. La casalinga disperata

Ogni paese ha una sua borghesia un po' cinica, incestuosa e indolente, e la casalinga disperata ne è la spina dorsale. La casalinga disperata pensa che siccome tutti siamo fragili e possiamo sbagliare, allora è normale scambiarsi piccole infamie, puttanate e fetenzie con gli amici, le amiche, i vicini di casa. I clan di casalinghe disperate, al pari delle signore e dei signori borghesi dell'omonima serie televisiva, vivono fianco a fianco per anni scambiandosi mariti e mogli, facendosi piccole o grandi guerre condominiali, giocando a tennis insieme e poi accoltellandosi alle spalle. Ciò che rende stronza la casalinga disperata è proprio il fatto di essere disperata, e di non fare nulla per cambiare comportamento: le piace in fondo vivere così, o semplicemente si trova troppo comoda per mettere in discussione il suo modello di vita.

✏ *Antidoto*: Gli uomini e le donne che vedete nella serie *Casalinghe disperate* vanno bene solo per fare sesso. Sono interessanti a letto perché sentono l'età che avanza, perché devono colmare il vuoto delle loro vite e perché si annoiano terribilmente. Quindi: limitatevi a frequentazioni di tipo ormonale, altrimenti siete fregati.

72. La rasta

Ok, Bob Marley faceva musica meravigliosa, e così centinaia di artisti e di musicisti jamaicani che hanno invaso il mondo, dal Rock Steady al Reggae al Dub, con il loro delizioso ritmo in levare. E, ok, il credo rastafariano, una specie di religione di sintesi che considera l'Imperatore d'Etiopia un Dio incarnato, è una delle culture più interessanti del Novecento. Ma queste non sono buone ragioni per cadere preda della stronza rastafariana. A parte la fissazione con la sua personale matassa di capelli – che vengono curati, appattumati e gonfiati ad arte fino a invadervi completamente la visuale – la rasta vuole da voi l'adesione al grande Treno di Babylon, e vuole convertirvi, e vuole soprattutto che entriate in un percorso di Illuminazione accelerato, fatto di birre e canne, che metterebbe a dura prova anche il fegato di Mickey Rourke.

✏ *Antidoto*: Accettate un suo invito a una festa Dub, ma presentatevi vestiti come executive di Wall Street, col gessato e le scarpe Alden di pelle di cavallo da mille dollari (le trovate anche a noleggio, nel caso), e cercate di attaccare bottone festosamente con tutti i suoi amici rastafariani. La metterete così in imbarazzo, nel suo rastaconformismo, che non vi richiamerà più.

73. La fuorisede, ovvero la stronza Erasmus

La fuorisede torna sempre «cambiata» da un'esperienza di studio, di lavoro o di qualunque alrta natura all'estero, ovvero sente il bisogno di comunicarvi per filo e per segno tutte le esperienze che ha fatto, e magari anche tutte le corna che vi ha messo. La sua specialità consiste nel tramutarsi da fuorisede temporanea a fuorisede perenne. Un po' come i reduci da una guerra o da un movimento politico, la sua esperienza diventa la pietra di paragone di tutta la vita successiva.Una cosa è sicura: voi non siete all'altezza della vita che lei ha vissuto laggiù, nlll'Eldorado della sua gioventù perduta. Perfino Hans, o Michel, o come diavolo si chiamava il suo fidanzato Erasmus, era molto più sensibile e colto di voi.

✏*Antidoto*: Se siete disponibili a rappresentare il simbolo della serie B, della non-vita, allora tutto ok. Ma presto capirete che quella della fuorisede è una nevrosi come un'altra: lei sarebbe sempre e comunque fuorisede, indipendentemente da voi. Esodo: un mazzo di fiori e un biglietto di sola andata per la sua località Erasmus preferita sono l'unico ricordo che dovrete lasciarle.

74. La vendicatrice

Qualcuno le ha fatto del male quando era più giovane: un fidanzato stronzo, un genitore cattivo, un capo cinico che l'ha licenziata. La vendicatrice ha giurato che, da allora in poi, chiunque avesse incontrato gliel'avrebbe pagata. E voi vi trovate davanti a lei, ignari, a sorseggiare una birra. Improvvisamente dice una cosa aggressiva, o sprezzante, e avete l'impressione che vi voglia uccidere con le sue mani. Poi capite che invece vi vuole vivi, ma che un po' anche voi dovete pagare. Provate a lasciarla sfogare, ma questo peggiora la situazione.

✏ *Antidoto*: A meno che non siate voi stessi una stronza salvatrice (Tipo n. 95), l'unica soluzione possibile è la fuga. Lo so, non è bello e dignitoso fuggire, ma talvolta è necessario: anche il più fiero dei leoni fugge davanti all'elefante che carica inferocito. Voi non fatevi fregare, non siete dei martiri.

75. La Barbie

La Barbie è bella fuori e marcia dentro, vive tutte le relazioni con spensierato cinismo, vi giudica soprattutto nelle vostre capacità/potenzialità di diventare il suo Ken. È sempre vestita alla moda. Possiede una ventina di paia di pantaloni a vita bassa e aderenti. Il suo modello di riferimento è la famosa ereditiera glam-porn Paris Hilton, nella fortunata parabola che va dal suo famoso pompino su Internet, al lancio di tutta una serie di iniziative e prodotti post-pompino, fino alla sceneggiata mediatica che l'ha portata in carcere. Di solito mangia pochissimo, preferisce il gin tonic e la cocaina ai carboidrati. Ha i capelli lunghi e lisci, gli occhiali da sole grandi, abbronzata quanto basta. È completamente svanita ma tenace e vitale. Non ha una vera interiorità, ed è l'unico tipo di stronza con cui i rapporti si fermano alla sola epidermide.

✏ *Antidoto*: Siete Ken? No? Allora non c'è problema.

76. L'eterna amante, ovvero il fascino di essere l'altra

Ci sono persone che non riescono mai ad avere un rapporto sentimentale lineare e limpido. Da sempre, ogni volta che hanno una storia importante, si trovano a essere il terzo incomodo: amanti di un uomo già sposato, fidanzati clandestini di una ragazza già promessa in matrimonio, addirittura "secondi coniugi" dichiarati in situazioni più o meno pubbliche di bigamia. La casistica della "eterna amante" riguarda più spesso donne, affette da immaturità sentimentale, da masochismo, o da un Edipo irrisolto: quando erano bambine si sono sentite "l'altra di papà", rispetto alla mamma, e non hanno mai superato questa frustrazione, che si ripropone con costanza per tutta la vita. Ma è una situazione sempre più frequente anche fra uomini: maschi che non riescono ad assumere su di sé tutta la responsabilità di un rapporto, e preferiscono fare i dongiovanni infilandosi nei letti altrui. Visto che si tratta di un fenomeno così diffuso, in che casi possiamo parlare di stronzaggine acuta? È semplice: quando l'altra non vuole fare un passo avanti definitivo, diventando partner ufficiale, ma non vuole neppure lasciare il campo. La posizione di eterna "alterità" è tutto quello che vuole. E da lì fa il suo gioco, vi colpevolizza, detta le sue condizioni. Il triangolo diviene allora l'unica figura geometrica possibile, e quella che era cominciata come un'avventura o un'evasione temporanea si trasforma in un incubo. Appena allentate la presa, vi minaccia di rivelare tutto, e nei casi più ripugnanti può arrivare a ricattarvi.

✏ *Antidoto*: Non sono mai stato un fan della famiglia tradizionale dura e pura, ma devo dire che talvolta anche la più banale delle coppie tradizionali mi sembra meglio di certe situazioni ambigue di triangolo. L'antidoto, in questo caso, non è altro che affrontare la situazione a viso aperto: sia nel caso che siate il partner infedele, sia nel caso che scopriate un tradimento, il conflitto è sempre meglio della rassegnazione, dell'ambiguità e del quieto vivere borghese. Se la coppia si sfascia, o al contrario se la coppia si ricompatta, in ogni caso "l'eterna altra" tende ad allontanarsi. Non le interessa un partner libero tutto per lei, e d'altro canto una coppia che è tornata unita non ha più bisogno di lei.

77. La strappona mistica

È passata prima dalla Fitness, poi è si è dedicata alla Wellness e poi all'Illuminazione. Ha provato a fare Aquagym, Pilates, Power Yoga, Stretching, Cardiofitness, Walking, e poi è approdata con entusiasmo alla medicina tradizionale cinese. Cos'è che rende particolarmente stronza la strappona mistica? Sostanzialmente, il fatto di comportarsi come una massaia che fa la spesa nel supermarket dello spirito: un pizzico di ayurveda, due sniffate di unguenti aromaterapici, una seduta di meditazione kundalini, tutto si equipara e si equivale. Cinquemila anni di tradizione sbriciolati e polverizzati in un menu acquisti *à la carte*. Come se non bastasse, il suo comportamento sembra adeguarsi con sorprendente agilità a ogni nuova disciplina:

tiene minilezioni, ovvero vi attacca bottoni pallosissimi sui chakra, sul Qi Gong cinese, sui cinque tipi fondamentali della medicina indiana, tutto un sapere appiccicaticcio che ha orecchiato negli ultimi dieci minuti o dieci giorni, e che le serve però a darsi un tono da ricercatrice spirituale.

✏ *Antidoto*: Se la mandate affanculo, rischiate di passare per rozzi e incolti uomini della strada. Se vi imbarcate con lei in qualche discussione dottrinale, va in competizione e si instronzisce ancor di più. Invece, ascoltatela con grande considerazione, e lasciate che si sfoghi. Non ha granché da dire, e d'altro canto voi non volete seguirla più di tanto sul suo terreno. Dovete apparirle ottusi, ma grati e riconoscenti, per il fatto che una persona come lei si degni di raccontarvi dell'esistenza del Terzo Occhio – tutta roba che John Lennon e Yoko Ono vendevano ai fricchettoni già negli anni Settanta.

78. La stronza del giorno dopo

Questo tipo di stronza non pone problemi di nessun tipo né nel corteggiamento né nell'approccio amoroso. E quindi finirete felicemente a letto con una persona (maschio o femmina che sia) che vi ha accolto con affetto, che vi ha parlato di sé, che ha flirtato e si è lasciata sedurre con naturalezza. Dopo il sesso, prima di dormire, vi ha addirittura abbracciato riconoscente, e ha detto che «è stato bellissimo». La mattina dopo vi svegliate con un'altra persona a fianco: una sconosciuta dal carattere sociopatico che vi pianta mille casini, e manifesta improvvisamente uno (o anche più d'uno) dei cento diversi tipi di stronzaggine che abbiamo classificato. Cosa è successo? Forse durante la notte è stata visitata da Creature delle Tenebre, Incubi e Succubi? La risposta è molto semplice: questo è un tipo di personalità disturbata, l'intimità e l'affetto la attraggono e la terrorizzano, e ha paura di lasciarsi andare e di perdere il controllo. Voi che colpa ne avete? Nessuna.

✏ *Antidoto*: Molti grandi amori, maschili e femminili, cominciano dalla stronzaggine del giorno dopo. Quindi non spaventatevi, potrebbe essere la volta buona, e se ci tenete all'incontro prendete qualche giorno di tempo per riflettere. Forse vi sta solo mettendo alla prova, e voi potete tranquillamente fingere di stare al gioco. Ma attenzione: se invece di un disturbo temporaneo della relazione si tratta di un tratto permanente della personalità, l'unico consiglio che posso darvi è che, passato un piccolo periodo di osservazione, vi allontaniate alla svelta e in punta di piedi. Potreste essere vittima di una stronza a ostacoli (Tipo n. 80), o di infiniti altri tipi e sottotipi di stronza.

79. La stronza a intermittenza

Vi mostra ora un lato giocherellone, ora un lato ironico freddo e sprezzante. Alterna momenti di vera simpatia a momenti di infinita stronzaggine. Se si fosse sottoposta a una diagnosi clinica precoce, le avrebbero detto che è schizoide. Se fosse vissuta nell'Ottocento, l'avrebbero classificata come un'isterica. È di animo gentile? A volte no. È insolente? A volte sì. La sua caratteristica principale è l'estrema volubilità dell'umore, che non sembra preoccuparla minimamente, mentre può rivelarsi un vero e proprio calvario per chi le vive accanto.

✏ *Antidoto*: Dovete superare le (comprensibili) pulsioni omicide che provoca in voi, e concentrarvi come sempre sull'aspetto della *relazione*. Nella maggior parte dei casi la sua è una richiesta di attenzione. Ma non dimenticate mai una cosa: *sa di essere stronza*, non è una matta invasata. Mostratevi dunque intermittenti voi stessi. Quando attacca, indietreggiate, quando è tranquilla fatevi avanti: se avrete (molta) pazienza, piano piano i suoi tentativi di farvi saltare i nervi diminuiranno di frequenza e intensità.

80. La stronza a ostacoli

Non basta mai. Qualunque prova superiate non basta mai. La stronza a ostacoli è la versione moderna della dama medievale: per mantenere il suo amore, dovete misurarvi a singolar tenzone con una dedizione sempre più assoluta e ideale. La sua astuzia? Semplice: dal momento che è lei che vi sceglie, all'inizio non sarà troppo difficile conquistarla. Vi sottoporrà ad alcune prove di media difficoltà, e troverete intrigante mostrarle tutto l'ardore della vostra passione. Per esempio, vi dirà che vi trova «un po' sovrappeso», o al contrario, che ama cenare in ristoranti dalla cucina raffinata e originale. E voi subito a dieta strettissima, o viceversa a consultare affannosamente guide gastronomiche per gourmet. Vi metterà insomma sotto esame, ma in due settimane tutto sarà fatto. Facile. Con un po' di buona volontà, siete a dama. Contenti? Sciocchi: il peggio deve ancora venire. Adesso, la vostra vita si trasformerà in un videogame: non morirete, tutt'al più se fallite potete tornare a inizio percorso, e i livelli da superare saranno molti, quasi infiniti. Alla stronza a ostacoli nulla sembra adeguato in voi: il vostro reddito, come siete vestiti, la vostra auto e i vostri gusti, tutto entra nel vortice della sua nevrosi, in un continuo gioco di spostamento. Ce la farete? Mai. Non ce la farete mai.

✏ *Antidoto*: Una volta capito il gioco, dite di no. Questo di solito trasforma la stronza a ostacoli in una traditrice confessa (Tipo n. 84), ma più frequentemente in una traditrice non confessa (Tipo n. 86).

81. La porno-stronza

Il sesso, dice, è il centro della sua vita. Tutto il suo network sociale, tutte le sue amiche e amici, sono selezionati su questa base. Fedeltà? È un retaggio d'altri tempi. Pudore? È un'arma ipocrita dei moralisti. Pratica il "name dropping", cioè lascia cadere lì nomi senza cognome, su tutte le pornostar e le celebrità erotiche famose: «Rocco dice che ha smesso di lavorare con le straniere», «Paris ha arruolato un esercito di ragazzotte per fare il suo spettacolo nuovo», e così via. Il suo terreno di azione preferito è Internet: è esibizionista, e mette continuamente in circolazione filmati, foto, messaggi di carattere sessuale esplicito. Ovviamente, la porno-stronza vuole che diventiate come lei. La sua specialità relazionale si chiama contagio. Prima o poi vi lascerete convincere a seguirla in un locale per scambisti, in una sauna erotica, a una festa privata a base di biancheria feticista, in un sexy shop alla moda. Non la seguite? Non la capite? Prima o poi capirete. È diversa, lei. È avanti.

✏*Antidoto*: A meno che non vogliate veramente farvi carico di quello che a prima vista è una vita scintillante, ma in realtà è un ambiente piccolo-borghese, abitudinario e maldicente, non frequentate la porno-stronza e il suo ambiente. Come fare a staccarsela di dosso? Semplice. Ditele che non è colpa vostra, ma il sesso non fa per voi: siete impotenti (se siete femmine: frigide-anorgasmiche). Dire questo alla porno-stronza è come dire alla stronza ultraricca (Tipo n. 21) che siete poveri. Non capisce, non vi segue. Il suo interesse per voi cadrà immediatamente.

82. La neo-groupie

Lei c'è sempre, nelle occasioni che contano. Non compare sui giornali, non si fa intervistare, il suo nome non esce mai, eppure vive praticamente incollata alle chiappe della persona celebre, del personaggio o del potente che ha deciso di seguire. È la neo-groupie, un misto di efficienza teutonica e apparente farfalloneria. Sembra sempre lì di passaggio, apparentemente non ha nessun interesse concreto. Sta sempre un metro dietro la linea di visibilità, eppure è la prima a raggiungere i camerini dopo il concerto. È la dama (o il damo) di compagnia perfetta. Il capo si fida di lei, la ritiene lieve, decorativa, piacevole, innocua, leale. Lei lo ritiene, semplicemente, utile. Stando nel cuore dell'entourage, la neo-groupie *sa tutto*, di primissima mano. E questo la rende, nel corso degli anni, forte, sempre di più. Lei segue il suo idolo ovunque, e il suo idolo può fare qualsiasi cosa, tranne cadere in disgrazia. Se il capo cade, la stronza neo-groupie ha accumulato ormai una tale quantità di conoscenze e di segreti da avere una carriera assicurata alla corte di qualcun altro, e/o un potere di ricatto immenso. La neo-groupie, un giorno, naturalmente scriverà un libro/memoriale.

✏ *Antidoto*: Se siete una celebrità, l'unico rimedio che avete è non voltarle mai completamente le spalle, oppure avere una segretaria-assistente fidata che la sappia tenere a debita distanza, cioè sempre almeno a tre palmi dalle vostre beneamate chiappe. Una tecnica di depotenziamento della neo-groupie è di affiancarle altre due o tre aspiranti neo-groupie. Faranno branco, e finiranno con lo sbranarsi a vicenda.

83. La psico-stronza

Non parla come tutte le altre persone, ma come se fosse sempre sul lettino dello strizzacervelli. La sua attività consiste nel raccontarvi l'intera sua esistenza dal punto di vista dell'analisi, e di raccontarvi la vostra, di esistenza, come se ogni cosa che fate confermasse che anche voi siete un malato come lei. Che siamo tutti malati. Gli argomenti di conversazione, di conseguenza, sono: il suo rimosso. Il vostro rimosso. Le sue tendenze anali-ritentive, di cui vi parla in particolar modo al ristorante. Le vostre pulsioni regressive sadico-anali, di cui vi parla un quarto d'ora prima di fare sesso, col risultato di farvi crollare la libido. Il crollo della vostra libido, di cui vi parla durante e dopo il sesso. Il sesso, di cui vi parla in relazione al vostro desiderio edipico, da quando avevate cinque anni, di andare a letto con vostra madre (o con vostro padre, se siete una donna). Le sue tendenze omosessuali latenti. Le vostre tendenze omosessuali, evidenti dopo un po' che la frequentate. Il suo e il vostro Edipo, che non riescono a parlarsi a causa delle vostre resistenze. Le sue resistenze a parlarvi delle vostre resistenze, e viceversa. Il messaggio fondamentale della psico-stronza è: Dio è morto, Marx è morto, e lei sta male. Ma voi siete vivi, e dovete stare male come lei. E se non ammettete di stare male, siete voi le stronze. O meglio: avete un "vissuto di rimozione" rispetto al fatto di essere stronze.

✏ *Antidoto*: Il rimedio c'è, ma non è bello dirlo: dovete guardarvi intorno, e individuare qualcuno più vulnerabile e sfigato di voi. Qualcuno ossessionato dall'analisi, o che sta male davvero, o che almeno sta maluccio. Organizzate una cena, o almeno un'uscita al cinema. La psico-stronza ha una personalità a ventosa. Se non è una pericolosissima stronza-multitasking (vedi Tipo n. 13), si scollerà da voi e si appiccicherà alla nuova vittima.

Vi ha tradito sessualmente. È successo, e vuole che lo sappiate. Vuole lasciarvi? No di certo, ci mancherebbe! Vuole scaricarsi la coscienza? Troppo semplice: a meno che non sia una eterna ragazza (vedi Tipo n. 30), la stronza non ha mai delle pulsioni da adolescente. No. Vuole attraversare la crisi con voi, «cercare un momento di crescita per superare questa cosa e migliorare il nostro rapporto». Non le è bastato di farsi qualche scopata in giro, vuole che *voi* la aiutiate a capire perché lo ha fatto: che cosa è mancato a un certo punto nel vostro rapporto? Perché vi siete allontanati? Vi siete persi, ma *ora dovete ritrovarvi*.

Variante 1: vi confessa il peccato, ma non il peccatore. Con chi vi ha tradito? Risposta: «Lo vedi che pensi solo in termini di orgoglio? *Con chi* non è importante. È il *perché* la cosa importante». Variante 2: vi confessa il peccatore oltre al peccato, e di solito rimanete stupiti/e per l'inconsistenza, la pusillanimità del personaggio. Ma è così: due volte su tre, non veniamo traditi con una persona migliore di noi, ma con qualcuno che "copre", "sostituisce" una nostra mancanza: «Mi ha saputo ascoltare», «Sa apprezzare delle cose belle della vita», «È una persona semplice, ma pura», «È stato un colpo di testa, cosa vuoi che me ne freghi se fa la fotomodella», «Mi faceva tenerezza».

Tutto lo sforzo della traditrice confessa non sta nel dimostrare che ve lo siete meritato (non è così ingenua), ma che come coppia non vi meritate di farvi del male.

Colpe? Quali colpe?

✏ *Antidoto*: Immediato allontanamento. Separazione. Per due buone ragioni: a) Se è capace di gestire la cosa con tanta freddezza, vuol dire che non è la prima volta che lo fa, ma che per diverse altre volte è stata una traditrice non confessa (Tipo n. 85). b) Non vi illudete: dopo la confessione, voi due non potrete mai più «tornare come prima».

85. La traditrice non-confessa

Il vero tradimento si basa sul silenzio. E forse, considerato il dolore che provoca l'aperta confessione di un tradimento, dovreste essere grati a questo tipo di stronza. La traditrice non-confessa è un tipo di stronza diffuso in prevalenza tra i maschi, ma in significativa espansione anche tra le donne. La sua caratteristica è che nega sempre. Nega perfino in presenza di domande dirette. Se travolta da prove schiaccianti, minimizzerà l'accaduto. Come si fa a scoprirla? La traditrice non-confessa mostra dei sintomi molto chiari: non vi rimprovera mai, vi accetta come siete, non litiga, non discute il rapporto, vi lascia ampi spazi di libertà. Tutto molto bello, in apparenza. In realtà la sua è una quiete illusoria. Ha capito che non può avere da voi quello che vuole, se ne è fatta una ragione, e vi tradisce perché, in cuor suo, sente di non dovervi niente, neppure l'onore delle armi di una confessione liberatoria. Sotto sotto, come tutte le stronze, vi disprezza.

✏ *Antidoto*: In primo luogo, insospettitevi. Non voglio rendervi paranoici, ma l'eccessiva quiete in un rapporto non è mai un buon segnale. In secondo luogo, tenete presente che la traditrice non-confessa sfrutta i vostri appuntamenti fissi, per cui mostra di avere un sacro rispetto, per farsi gli affari suoi in privato. Giocate a tennis tutti i lunedì sera? Non rientrate mai a casa a pranzo? Una settimana al mese siete fuori per lavoro? Ogni vostra "latenza prevedibile" diventa una sua "occasione programmabile". Fate un test: rinunciate all'improvviso a un impegno, e fateglielo sapere con poco o pochissimo preavviso. Se sobbalza, o si innervosisce, è probabile che ci siamo. Ma c'è un'altra possibilità: anche voi, uomo o donna che siate, siete una perfetta traditrice non confessa, e in realtà a tennis il lunedì sera ci giocate solo una volta ogni tanto. In questo caso, lasciate tutto com'è. Come due Stati che potrebbero farsi la guerra ma capiscono che belligerare danneggerebbe i loro affari interni, voi e il (la) partner potete vivere sereni per sempre, come una perfetta coppia di stronze.

86. La non-traditrice, o traditrice platonica

Non vi tradisce – almeno per ora – ma ci tiene a farvi sapere che *non vi meritate la sua fedeltà*. La fedeltà di una stronza non è in sé una buona notizia, perché diventa la pietra di paragone di tutte le attenzioni che non le rivolgi, del fatto che per lei sei una grande delusione, che si sente frustrata e non realizzata accanto a te. Se questo tipo di stronza è un uomo, cerca sadicamente di farti sentire inadeguata, impacciata, goffa, trasformandosi in una maestrina (Tipo n. 8), o nei casi peggiori in una sado-stronza (Tipo n. 24). Se è una donna, può fare la traditrice platonica per alzare la posta delle sue pretese, trasformandosi in una stronza a ostacoli (Tipo n. 80).

Di solito la non-traditrice, a differenza della traditrice vera, ha un atteggiamento molto seduttivo con tutti. Vuole in sostanza farvi pesare che le basterebbe un click per voltarvi le spalle, ma non lo fa. Perché non lo fa? Perché siete l'amore della sua vita? No. Lo siete stato, ma adesso si è ricreduta. Non vi tradisce perché, dice, è una persona seria, lei. In realtà, visto che ogni stronza sostanzialmente desidera il controllo, non tradirvi è un modo molto più diretto per sentirsi moralmente superiore. E controllarvi. Convivere con una non-traditrice può generare psicosi, frustrazione, scatti d'ira, attacchi di panico. La non traditrice, infatti, tiene foto di attori famosi con gli addominali ben scolpiti appese in bagno, per provocarvi. Commenta ad alta voce con le amiche le scene più sexy di ogni film o libro. Parla ad alta voce, fa di tutto insomma per apparire sessualmente attiva, arrapata, invadente.

✏ *Antidoto:* Liberarsi di una persona fedele è molto più difficile che liberarsi da una traditrice vera. Indurla a tradirvi per poi passare all'attacco è praticamente impossibile. La non traditrice richiede sostanzialmente che voi siate un'altra persona, non quello che siete. E vi provoca. Vi provoca in continuazione. Se la lasciate in tronco, si trasformerà in una stronza piagnona (vedi qui sotto, Tipo n. 87). Avete un'unica soluzione, cioè farvi lasciare. Traditela, portatevi a letto una persona che conosce, fate in modo che si senta umiliata in tutto l'ambiente che frequentate. Se invece volete tenervela, copritela di attenzioni da luna di miele, miste a scene di gelosia per le foto dei divi: in fondo è questo che vuole, la vostra attenzione esclusiva.

87. La stronza piagnona

Un juke-box, appena inserite una monetina, suona. Un videogame, appena premete start, si anima. Un pugile, appena vi fate troppo sotto, alza la guardia. La stronza piagnona, al minimo, ma dico minimo segno di contrarietà, piange. Un riflesso pavloviano sembra collegare le sue sacche lacrimali ai suoi sensi: appena uno stimolo la raggiunge, si mette a piangere. Nessuna discussione è possibile, con lei. Credete che lo faccia per debolezza? Sciocchi. La stronza piagnona esercita una forma di guerriglia di nervi costante, e alla fine fa sempre come vuole lei. Nel mezzo del suo occhio umido e arrossato vi è la disumana pupilla di un coccodrillo: piange, ma nel contempo vi scruta e attende l'occasione propizia per sbranarvi. La stronza piagnona ha una volontà d'acciaio. Piange in pubblico per imbarazzarvi, piange al telefono per costringervi a non interrompere la conversazione, piange in privato per mandare in vacca ogni ragionevole tentativo di negoziazione. Figlia di genitori cinici – per questo arrendevoli e permissivi – probabilmente, da bambina (bambino) la stronza ha imparato che, piangendo, si può ottenere quasi qualunque cosa.

✏ *Antidoto*: Rimanete impassibili, sempre. In pubblico, questo vi farà fare la figura degli stronzi, ma è un rischio da prendere. L'unico modo per smorzare le pretese di una piagnona è farvi, sistematicamente, gli affari vostri mentre piange. Alla fine sarà lei a staccarsi da voi, in cerca di un altro partner-lacrimatoio a cui appoggiarsi. Oppure (cosa molto rara) cambierà comportamento.

88. La stronza contabile

In molte famiglie tradizionali l'uomo "portava i soldi a casa" e la donna, brava contabile, li "amministrava". Oggi che i ruoli sessuali sono completamente diversi, e nelle coppie di solito entrambi i partner lavorano o sono molto impegnati, questa ripartizione dei compiti fra "onesto lavoratore" e "brava economa" non ha più ragione di esistere. La stronza contabile, però, non demorde. Sa tutto di voi. Il suo controllo sulla realtà passa tramite i numeri e probabilmente per lei, più che un essere umano, siete un algoritmo. Il calcolo delle probabilità è il suo passatempo preferito. Se non vi ha trovato al lavoro, quante probabilità ci sono che abbiate una relazione extraconiugale? Se le fate gestire tutti gli estratti conto della banca, quante probabilità ci sono che abbiate dei fondi segreti che lei non conosce? Se siete umani, siete fallibili, e se siete fallibili, questo è perfettamente misurabile e dimostrabile. La specialità della stronza contabile è l'addebito. Ogni discussione con lei si trasforma, anche in assenza di numeri, in un addebito di colpe gravi, atti mancati e altri difetti.

✏ *Antidoto*: Se volete conviverci, dovete sviluppare veramente una doppia vita, e avere una terza vita segretissima come ulteriore via di fuga. La lettura di qualche corposo manuale di spionaggio potrebbe fare al caso vostro, ma fate attenzione che nulla (o quasi) sfugge alle capacità di intelligence della stronza contabile.

89. La migliore amica di

La migliore amica di (tua moglie, tuo marito, un tuo amico, il tuo amministratore delegato) è un tipo di stronza infestante, ed esercita una pressione ambientale continua. Pensiamo alla vita aziendale. Ogni top manager ha un circuito di amici/amiche molto intimo, che non c'entrano niente con l'organigramma aziendale ufficiale. Tu credi di avere un rapporto professionale con il tuo capo, in realtà entri in una complessa relazione con un clan, una tribù informale, di consulenti, consiglieri, invitati di rinfreschi, convention, riunioni, brain storming. Sulle prime non capisci, ma… se per sbaglio entri in rotta di collisione, o semplicemente non piaci a qualcuna delle "amiche stronze" del capo, sei fottuto. In primo luogo, verrai passato ai raggi x: come ti vesti? Come mangi? Bevi alcolici? Molti, o pochi? Ti sudano le mani? Hai l'alito pesante? Parli troppo? O troppo poco? Parli bene, o a sproposito? Tutte queste informazioni, raccolte dalla "migliore amica", ovviamente ti si ritorcono contro. La migliore amica, quando è una stronza vera, naturalmente un giorno tradirà anche il tuo capo. Ma quel giorno è lontano. Per adesso, quello che si vede è un capo, come un'ape regina, circondato da uno sciame di fedelissime e fedelissimi che gli soffiano nelle orecchie, tutti intimamente amici. Nelle relazioni personali, la migliore amica di tua moglie, tuo marito (eccetera) esprime sempre un condizionamento fortissimo. Tu credi di avere un rapporto sentimentale con un partner, in realtà entri in una complessa relazione con un clan. Il clan non ti rifiuterà e non ti accetterà. Semplicemente, ti terrà in punta di spada, sotto osservazione. Sotto schiaffo.

✏*Antidoto*: Entrare in rotta di collisione con le migliori amiche è pericolosissimo. Niente dichiarazioni di guerra. Mostratevi timorosi, rispettosi, e soprattutto riconoscete il diritto al possesso territoriale. Loro conoscono il capo, o vostra moglie, o vostro marito «da tanti anni», «dai tempi dell'Università», «fin da ragazzi». Questo vuol dire che, in ogni senso (temporale, gerarchico, affettivo), "vengono prima" di voi. Anche sforzarvi di diventare troppo *amico delle amiche* può essere letale. Le migliori amiche sono come la nobiltà inglese: se non avete fatto canottaggio e giocato al polo insieme da ragazzi, se non avete qualche segretuccio sessuale e qualche malefatta in comune con loro, accumulati in anni di frequentazione, non sarete mai uno di loro. Sarete sempre un parvenu. Invece mostratevi rispettosi, ascoltate i loro consigli, fatevi credere loro complici. Insomma, riconoscete il loro ruolo, che è un ruolo *naturale*, non *ufficiale*, e sarete salvi.

90. La tua nemica intima

In questo metodo abbiamo già visto più volte che la stronza passa sempre dall'interiorità e dalla relazione per attaccarvi. La nemica intima (detta anche "la tua migliore nemica") non fa che specializzare ed elevare a crociata della sua vita la sua "relazione speciale" con voi. Di solito è la vostra (o il vostro) ex, o è un'amica da moltissimi anni. Insomma, è una persona che vi conosce bene, benissimo anzi, e vive in uno stato di perenne fissazione su di voi. La nemica intima vi attacca con una strategia a "cerchi concentrici", che consiste nel disseminare una leggenda negativa su di voi tra amici, amiche, parenti, colleghi. Siete conosciuti come brave persone? Non va bene, il mondo deve sapere. Deve sapere quanto malvagi, e meschini, e bassi possiate essere stati. Però lei vi ama, sia ben chiaro, e dice a tutti che sta facendo quanto le è umanamente possibile per aiutarvi. La nemica intima è un tipo di stronza che dice di avere una ferita aperta, ma in realtà è lei che vuole tenere aperti i giochi con voi. È di solito una persona tenace, che ci metterà anni a dimenticarvi.

✏ *Antidoto*: Non c'è un antidoto specifico, ma un mix di "farmaci" può lenire il problema. a) In caso di maldicenze tenui: minimizzate, negate, quando i vostri amici vi riferiscono cosa la nemica dice in giro reagite con la strategia del sorriso. b) In caso di maldicenze gravi, date la vostra versione dei fatti, in modo convinto e civile. c) Lasciate passare del tempo: la gente di solito si rompe le scatole di ascoltare il disco rotto delle lamentele altrui, e questo continuo attacco nei vostri confronti alla fine provocherà l'effetto opposto: vi farà risultare più simpatici.

91. La maldicente cronica

Non è solo un tipo di stronza, ma un modo di pensare, uno stile di vita. La maldicente cronica ha un dogma da affermare, diametralmente opposto a quello del filosofo austriaco Ludwig Wittgenstein (1889-1951), che diceva: «Di tutto ciò di cui non si può parlare, si deve tacere». La maldicente fa l'inverso, appunto: «Di tutto ciò di cui *non si dovrebbe* parlare, si deve *dire male*». Fin dalla più remota infanzia, la maldicente si addestra a trovare in ogni persona, famiglia, situazione, il *locus minoris resistentiae*: il punto debole, quasi invisibile, che fa crollare in mille pezzi anche un cristallo antiproiettile. Questo tipo di stronza può essere divertente, per una sera, finché non vi rendete conto che la prossima testa a cadere, la prossima reputazione da infangare, sarà proprio la vostra. La sua strategia è abbastanza raffinata, ma in fondo scoperta perché, a differenza di altre stronze, la maldicente è come Roger Rabbit quando deve sbucare fuori dall'armadio: è sempre sul punto di esplodere, non riesce a trattenersi. Vi sono molti modi di spargere la maldicenza: petulanza, rivelazione di segreti sessuali, rivelazione di vizi, tradimenti, inimicizie, calunnia, disinformazione, aggiunta di particolari fantasiosi, ripresa e ingigantimento di maldicenza altrui, e via dicendo. La stronza più velenosa, a mio giudizio, è la sputtanatrice, ovvero quella che rivela confidenze fatte in buona fede da altri – tecnica detta delle "mutande in piazza".

✏*Antidoto*: Di solito, se fa parte del vostro ambiente, non è difficile individuarla, grazie anche all'esistenza delle golden retriever (vedi qui sotto, Tipo n. 92). È difficile contrastarla seriamente, ma si può ragionevolmente arginarla così: a) Non rivelatele mai niente. Gli unici segreti che si mantengono nel tempo sono quelli assolutamente taciuti con tutti. Quelli condivisi da due o più persone sono destinati allo sputtanamento, prima o poi. b) Se agisce in vostra presenza, sorridete, minimizzate, glissate. Insomma, non attaccatela mai frontalmente: rischiate di moltiplicarla, come l'Idra dalle cento teste, che non a caso Virgilio ha scelto nel canto IV dell'*Eneide* per rappresentare la Fama e la Maldicenza. c) Non negate mai del tutto quello che dice, perché sennò vi riterrà complici della persona di cui sta maldicendo: negate che John sia un cocainomane? È evidente, vi drogate anche voi, magari insieme a lui. John ha un'amante e voi dite che non è vero? È evidente, l'amante siete voi. d) Quando parla, fate un sorrisetto enigmatico, e rimanete in silenzio. Comincerà a credere che ne sapete molto più di lei, e a temervi.

92. La golden retriever, o stronza da riporto

La golden retriever, o stronza da riporto, scatena liti per interposta persona. La sua specialità consiste nel venirvi a riportare che X, di solito un vostro caro amico, parla male di voi. Il suo reportage, però, non è mai fedele e corrispondente a quello che ha detto veramente X. Facciamo un esempio. La golden retriever vi telefona: «X dice che fai cazzate e sei uno che butta i soldi dalla finestra». Voi ringraziate la golden retriever e chiamate X, che smentisce: «Non ho detto che *fai cazzate*, ho solo detto che per me una macchina grande, come ad esempio quella che hai tu, sarebbero *soldi buttati dalla finestra*, perché la macchina io non la uso mai, e in città tanto vale una macchina piccola, o lo scooter. Sarebbe solo *una cazzata*, ma intendevo dire *per me*, farmi una station wagon, mentre tu hai la casa in campagna e tutto. È ovvio, no?». A questo punto siete di fronte al dilemma: chi ha ragione? La maldicente da riporto o X? Chiamate la retriever, che si indigna e rincara la dose: «Ah, X ha detto così? Begli amici che hai! Chiedigli allora perché sghignazzava alle tue spalle, dicendo che sei uno tutto casa di campagna e famiglia, con la tua station wagon, praticamente un minchione in stile *Torna a casa Lassie*». Richiamate X, furiosi. Altra precisazione, altra smentita, ma ormai ci siete dentro con tutte e due le scarpe. Non vi fidate più di X, diffidate dell'accanimento della golden retriever e, quel che è peggio, la prossima volta che salite sulla station wagon vi sentirete un minchione.

✏ *Antidoto*: Una cura c'è, ma richiede immensa forza d'animo. Qualsiasi cosa vi dica la golden retriever, ma proprio qualsiasi, ringraziate con cortesia e lasciate cadere. Ignorate. Non date ascolto, tutt'al più minimizzate: «Ma no, X è un buon amico, avrai capito male». Si tratta quasi di un atto di fede: se la maldicenza è falsa, o se è vera, non deve interessarvi. Il vostro buon senso vi permetterà di arrivare a capire qual è la verità, senza abboccare alla provocazione.

93. La parlona

Parla parla...

La sua manifestazione è l'inquinamento acustico. Se c'è, non potete non accorgervene: la sua arma sono i decibel. In realtà ha una sua strategia, che somiglia alle tecniche di meditazione avanzata dei monaci Zen. Sembra che sia agitata, animosa e presente in tutto quello che dice, ma la sua mente è altrove, è quieta e tranquilla, osserva, ascolta, fa calcoli, induzioni/deduzioni, piani e congiure. Il tappeto acustico le serve solo per dissimulare le sue vere intenzioni. Che sono di solito, fottere gli altri, tutti, voi compreso.

✏ *Antidoto*: Osservatela mentre parla, e studiate il suo linguaggio del corpo. Le mani sono intrecciate nervosamente? Se le tormenta? Osservate i suoi occhi, apparentemente guarda la persona con cui sta parlando, ma in realtà con delle fulminee rotazioni della pupilla, simili a quelle di un camaleonte o di un'iguana, tiene d'occhio tutto lo spazio circostante, registrando ogni minimo movimento o mutazione. E soprattutto, osservatela e giudicatela per *quello che fa*, non per *quello che dice*. Ecco, ora potete studiare come contrastarla, e se necessario neutralizzarla.

94. La zittona

La zittona non dice mai un cazzo. Il suo fascino è enorme, perché la gente è convinta che abbia un grande potere. Chi ha un grande potere, infatti, può scegliere quando parlare e quando stare in silenzio, perché in linea di massima può permetterselo. Ma a differenza delle persone di potere, la zittona si sforza di non essere al centro dell'attenzione. In realtà tace perché cova. Cova liquami, odio, malvagità. È pericolosissima, perché le sue azioni arrivano sempre a scoppio ritardato, perché avrà sempre pianificato a lungo come danneggiarvi, e perché con lei, una volta che vi ha preso in antipatia, non ci sono negoziazioni possibili. La sua nocività è massima sul lavoro, particolarmente quando è la numero due (o peggio ancora, tre o quattro) di una gerarchia aziendale.

✏ *Antidoto*: Non lasciate mai che una persona di questo tipo entri nella vostra vita. Se avete un minimo di potere decisionale, allontanatela dall'ambiente di lavoro per sempre. Se ve la siete trovata come collega o collaboratrice e dovete tenervela per forza, datele una media di una informazione vera e due false. Depistatela. Affaticatela. Se siete fortunati, dopo un po' cercherà qualche altra persona su cui trasferire il suo odio. La zittona, su dieci, ha un tasso di pericolosità pari a undici. Meditate su quello che vi dico, e la prossima volta che vi imbattete in qualcuno che, in azienda o in un circolo di amici, tace eccessivamente, cominciate a preparare solide difese.

95. La salvatrice

Diffidate di chi vi vuole salvare. Ok, una mano a un amico o a un parente si può sempre chiedere, ma la stronza salvatrice non vi dà una mano. Vi dà tutta se stessa, si impegna nella crociata, vuole assolutamente fare di voi una persona migliore. Ma fate attenzione: «Io ti salverò» è un messaggio apparentemente liberatorio. In realtà nasconde una negoziazione meschina e sleale: «Io ti salverò, *a patto che* tu ti affidi completamente nelle mie mani».

✏ *Antidoto*: A proposte come «Io ti salverò» si può solo rispondere: «No grazie, se devo rovinarmi ci riesco benissimo da solo».

96. La stronza reality

I reality show esistono. Fanno parte ormai dello scenario non solo mediatico, ma quotidiano di tutti noi. La stronza reality – forse perché in cuor suo sogna di entrare a far parte di un reality anche lei – applica tutti i meccanismi un po' regressivi e infantili di questo tipo di programmi alla vita reale. Ti è amica oggi e nemica domani, e poi di nuovo amica. Si indispettisce perché ti ha prestato il pettinino e glielo hai restituito con un'ora di ritardo. Passa un'ora e mezzo a parlare del fatto che l'altra sera, alla cena di X e Y, il pollo era bruciato. È parossistica, fa scenate sul nulla. Un classico del pensiero samurai del Giappone medievale, lo *Hagakure*, dice che il segreto della saggezza sta nel trattare come se fossero della massima importanza le cose leggere, e al contrario nel trattare quasi con noncuranza le questioni gravi. La stronza reality applica questo criterio in maniera assolutamente distorta: le cose che non contano un cazzo diventano serie, e le cose serie passano completamente inosservate. Il suo è un meccanismo di sospensione dalla realtà: è irresponsabile, e consapevolmente superficiale. E poi, esattamente come in un reality, trama alle vostre spalle per mettervi "in nomination", cioè per farvi escludere dal gioco: vuole che veniate espulsi da una cerchia di amicizie, trama per non farvi invitare alle cene, tiene il diario dei vostri piccoli gesti quotidiani agli altri, dipingendovi come spregevoli e meschini.

✏ *Antidoto*: È pericolosa, ma il segreto sta nel capire che gioca, ma non sa neppure lei perché. A differenza delle stronze più in gamba, che prevedono e organizzano il futuro per anni a venire, la stronza reality ha una mente che arriva al massimo a domattina, o alla prossima nomination. Voi adottate con lei una guerriglia "a macchia di leopardo". Siate incoerenti: ridete una volta, e fingete di piangere un'altra. Ignoratela un giorno, e siate super-amici un altro. Non attaccatela mai di persona, e alla fine si convincerà che siete un po' matti, ma innocui. E smetterà di cospirare contro di voi. Oppure vi metterà in nomination, ma poi ci ripenserà perché siete stati carini, e le avete prestato la matita per le labbra.

97. La satan-stronza

Dopo aver letto qualche libro di troppo, e avere imbroccato frequentazioni sbagliate, la satan-stronza è pronta a colpire: trucco dark, atteggiamento apertamente irrisorio verso le normali regole di convivenza, condotta sessuale più aperta delle Grandi Praterie. È convinta di essere in sintonia con le energie della Natura, pratica cioè un "satanismo naturale", un misto di New Age e pensiero neo-pagano. In realtà il suo problema di origine era di liberarsi da un'educazione piccolo borghese grigia e noiosa, e scopare un po' di più. Solo che invece dei colori dell'arcobaleno ha scelto il nero, il dark, l'abisso. È di solito una persona un po' goffa, intabarrata in camicioni Wicca-Style o, nella versione Heavy Metal, appesantita da spessi stivaloni anfibi alti fino al ginocchio. I suoi idoli vanno da Aleister Crowley, santone (un po' cialtrone) degli inizi del Novecento, oppure Charles Manson, il capo della famosa Family che nel 1969 si rese famosa per una serie di malefatte, tra cui l'omicidio rituale di Sharon Tate (il mitico Helter Skelter). In realtà, la satan-stronza non è pericolosa, ma è seriamente ammorbante: tutto quello che vuole è stupire, ad esempio sostenendo che Manson era un Maestro, che i rituali satanici sono liberatòri, che voi siete repressi e imborghesiti. Ma il massimo che cerca di fare è di portarvi ai concerti dell'*altro* Manson, Marylin, la popstar che in realtà è un intelligentissimo dandy libertario, e sarebbe il primo a prenderla in giro se la conoscesse.

✏*Antidoto*: Evitate l'ironia. La manda in bestia. Mostrate di credere a quello che vi dice. Evitate però di farvi coinvolgere in serate, presentazioni di libri, celebrazioni all'aperto di solstizi e altre ricorrenze astrali. Se la invitate a pranzo a casa vostra, proponetele delle rassicuranti ricette tradizionali e regressive: pasta all'italiana, hamburger, patate arrosto, crostata di lamponi o di mele. Dentro di sé, infatti, la satan-stronza cova un'immensa nostalgia per le care, rassicuranti emozioni della vita semplice e un po' noiosa che faceva prima. Dice di venerare i Dèmoni della Terra, ma in realtà rimpiange la torta di Nonna Papera.

98. La profumiera

Una certa civetteria, sia in un uomo che in una donna, è un peccato assolutamente veniale. Una certa seduttività è divertente, e non c'è niente di male se una persona vuole piacere. Ma la profumiera è un'altra cosa: si mostra *assolutamente disponibile* con tutti, in ogni ordine e rango. Tiene sulla corda mille corteggiatori, e quanto più è impegnata (fidanzata, sposata), tanto più suscita pensieri e atti impuri nel suo entourage. *Sparge il profumo*, ma si vaporizza al minimo cenno di affondo. La vera profumiera di solito è fedele in amore, perfino un po' sessuofoba – vedi sopra, la non-traditrice platonica (Tipo n. 86) – e il suo comportamento è solo apparentemente seduttivo. Quando è un maschio, di solito è una persona insicura, con forti complessi di bassa autostima. In realtà il *profumismo* è un atteggiamento aggressivo, una specie di attacco preventivo che vuole neutralizzare sul nascere, per eccesso, anche la minima proposta dell'interlocutore. Purtroppo la maggior parte delle persone si accorge troppo tardi della provocazione, e quindi ne nascono equivoci, figuracce, umiliazioni, scenate di gelosia da parte di legittimi consorti e fidanzati.

✏ *Antidoto*: Non c'è bisogno di antidoto. La profumiera è tanto stronza quanto innocua, basta saperla individuare per tempo. Se vi fidanzate o sposate con lei, avrete in privato la noia della sua assoluta e ordinaria vita di coppia (in realtà è una perfetta pantofolaia), e in pubblico il tormento continuo di persone che le sbavano dietro senza ritegno. Se questo vi aggrada – in fondo potrebbe non essere il male peggiore – benvenuti/e.

99. La coniuge adottiva

Viviamo in una società complessa, dove la cosiddetta "famiglia allargata" sta diventando la norma, e ci troviamo in reti e clan di ex mariti, fidanzate nomadi, adozioni e riconoscimenti, separazioni in casa, secondi e terzi matrimoni. Orientarsi nel groviglio delle relazioni affettive di quest'epoca è quasi impossibile. Un tipo sociale assolutamente interessante, spesso eccelso nella stronzaggine, è quello della coniuge adottiva. La coniuge adottiva è un'amica con cui non fate sesso, ma che si comporta a tutti gli effetti come se foste un po' sposati (e un po' separati). Le sue specialità sono il *child-sharing* e il *pet-sharing*. Cioè: vi appioppa per interi fine settimana i suoi marmocchi perché deve partire con un fidanzato, oppure vi chiede di occuparvi del cane perché lei deve portare i suddetti marmocchi a una festa. Sono compresi nel pacchetto anche il tutoraggio educativo/sportivo/sanitario dei suddetti marmocchi, le riparazioni e le manutenzioni domestiche, il disbrigo di pratiche burocratiche e la presenza congiunta a ogni tipo di cerimonia festa e ricorrenza, funerali inclusi.

La coniuge adottiva, insomma, tende ad allargarsi a macchia d'olio, e soprattutto se siete single, diventa un impegno a tempo pieno, o un secondo lavoro.

✏*Antidoto*: Rivendicate una qualche libertà! Anche voi dovete partire proprio in quel fine settimana. Esibite certificati medici in cui si dice che siete allergici al pelo di gatto e di cane, alle piume di uccello e alle squame di pesci tropicali. Fatevi negare al telefono. Dopo un po' la coniuge adottiva cercherà altrove un porto sicuro in cui mollare i bambini, fare una lavatrice con la scusa di passare a confidarsi, oppure passare a confidarsi con la scusa di fare una lavatrice.

100. La stronza-stronzo

È sia stronzo che stronza, e per questo possiamo considerarla l'Artista Superiore, l'androgino che riunisce in sé ogni sapienza stronzistica, l'unione mistica di Ying e Yang. Arrogante, competitiva e priva di scrupoli quando vuole, e sensitiva, oscura, mutevole quando le serve. Di solito è un grande politico, o un leader di lunga durata, una diva o un sapiente che ha esplorato tutti i lati del Maschile e del Femminile, per poi sintetizzarli in un'unica condotta di vita, stronza a trecentosessanta gradi e ventiquattr'ore su ventiquattro.

✏*Antidoto*: Quando gli esseri umani raggiungono delle vette molto alte, l'ammirazione prende il sopravvento e tendiamo a seguirli o a considerarli dei Maestri. Voi dovete resistere a questa fascinazione: studiate la stronza-stronzo, ma tenetevi a distanza. È un po' come vedere un grande pugile sul ring: ne ammirate le movenze, la scherma e la tattica, ma non vi mettereste mai al posto del suo avversario.

101. La meta-stronza

Sicuramente, leggendo il mio *Metodo*, vi sono venute in mente molte persone che conoscete: ogni essere umano è un mondo a parte, ma poi nella realtà comportamenti, tic, astuzie, strategie e dinamiche di relazione si assomigliano molto. Questo vuol dire che qua e là avrete riconosciuto anche dei *vostri* comportamenti. Vado al sodo: in ognuno di noi si nasconde una imprevedibile stronza. E dunque, potremo mai guarire dalla stronza che è in noi? Queste domande erano molto vive nella mia mente quando ho cominciato a scrivere questo libro, e lo sono ancora. La voce della prudenza (e del pessimismo) mi dice che no, non è possibile guarire del tutto, essere stronze fa parte di noi, è nella nostra natura e nel nostro destino. Poi ho pensato che una via forse c'è, ed è la via della conoscenza. Se impariamo a riconoscere certi atteggiamenti, in noi prima che negli altri, forse impareremo anche a evitarli.

Voglio fare un esempio tratto dalla linguistica applicata: noi impariamo a parlare meglio proprio quando riflettiamo sul nostro linguaggio. Ma, per fare questo, abbiamo bisogno di un *meta-linguaggio*, una lingua speciale che riflette sulla lingua stessa. E così, per conoscere e curare la stronza che è in noi, dobbiamo diventare una meta-stronza: una stronza speciale che indaga su tutti i comportamenti stronzistici, e che conosce a menadito il loro funzionamento. D'altro canto è così: le grandi società assumono i loro peggiori nemici, i pirati informatici, per combattere altri pirati. Le polizie di tutto il mondo usano ex criminali come collaboratori di giustizia. E noi dobbiamo usare la nostra meta-stronza, la nostra collaboratrice interiore, la stronza di tutte le stronze. Perché è l'unica che, essendo una grandissima figlia di puttana, è in grado di attraversare quel groviglio di serpi che è la nostra anima oscura, senza rimanere uccisa dal veleno.

✏ *Antidoto*: Se la mia idea è giusta, la meta-stronza è l'antidoto definitivo, e forse l'unico che funziona.

Appendice

Cinque dita di non-violenza: le tecniche fondamentali della stronzaggine femminile

Prima di congedarci definitivamente, voglio trasmettervi alcuni arcani del mestiere, un po' come i maestri di arti marziali che ai loro discepoli avanzati lasciavano in eredità i loro trucchi e colpi segreti. Avete presente Uma Thurman nel film *Kill Bill*? Ricordate i "cinque punti del cuore" che, se toccati, uccidono dopo cinque passi? Ecco, anche la stronza ha le sue cinque Tecniche Fondamentali, le sue *killer applications*. Con l'unica differenza che non le usa per uccidervi, ma per fiaccare la vostra resistenza e manipolarvi. Sono tecniche non-violente, ma efficacissime.

Iperdettaglio

Vi faccio un esempio: siete per strada insieme alla vostra compagna o con un'amica, e vedete passare una donna di bellezza stratosferica, tipo una fotomodella o un'attrice. Vi girate a guardarla con gli occhi sgranati. La stronza al vostro fianco, invece, le dà appena un'occhiata di sbircio, e pronuncia una frase laconica, tipo «ha le caviglie grosse», oppure «ha le unghie da cafona», oppure «ha le extensions ai capelli», «non è bionda naturale», eccetera. Ecco: la capacità di vedere e usare velenosamente il minimo dettaglio, proiettandolo sull'intera persona, è la prima fondamentale tecnica della stronza. Nella retorica antica, questa tecnica si chiamava *sineddoche*, o *pars pro toto* (la parte per il tutto): è il meccanismo linguistico per cui si dice di una barca che è «una bella vela». Più in generale, la capacità di individuazione e analisi dei dettagli, tipica dell'anima femminile, è nella stronza sviluppata ai massimi livelli. È come se i suoi occhi fossero dotati di uno scanner naturale. Starle davanti è come vedere la propria interiorità attraversata da una vista sottile. L'impressione è la stessa di quando, in aeroporto, mettete la vostra borsa sul nastro del controllo di sicurezza, e poi vedete l'immagine a colori dell'interno proiettata sullo schermo dell'addetto ai controlli.

Catena C4i

Una volta, leggendo un articolo dedicato alla sicurezza interna e al terrorismo, ho imparato che al Pentagono usano questa semplice sigla, C4i, per indicare il controllo totale del campo, della strategia e delle operazioni militari. C4i sta per: Comando + Controllo + Comunicazioni + Computer + Intelligence. Se gli anelli di questa catena sono ben saldi, il successo è assicurato. Anche la stronza ha una sua centrale di comando C4i, che si trova ben radicata nel centro della sua mente. Ogni aspetto della realtà intorno a lei le è sempre presente, anche quando appare distratta. Le tecnologie di comunicazione (telefonino, mail, Facebook) sono entrate in modo assolutamente naturale nel suo arsenale. La sua capacità di informarsi in maniera intuitiva e selettiva (intelligence) è stupefacente.

Complimenti (gelidi)

La stronza è bravissima a complimentarsi (a differenza dello stronzo che è bravo soprattutto a insultare). Solo che, una volta che vi sarete accorti che è una stronza, percepirete pure il gelo che sta alla base dei suoi complimenti più cerimoniosi: «Wow, ma che bel vestito che hai!» (che vuol dire: ti sei messa l'abito della festa, di solito sei vestita come una pecoraia), «Ti trovo in forma» (che vuol dire: è uno dei rari attimi in cui riesci a sembrare passabile), «Stai bene vestita di nero, ti sfina» (cioè: si vede che sei una cicciona, e usi il nero per nasconderlo). Volete mettere alla prova la stronza? Imparate a controbattere con un bel sorriso: «Trovo molto bene anche te, grazie!». Se ha un piccolo trasalimento, o anche un colpo impercettibile delle sopracciglia, vuol dire che l'avete colta in fallo. La prossima volta starà più attenta.

Piccolo dono (grandi guai)

Per vincere le vostre resistenze iniziali, la stronza (che è una grande esperta di marketing) usa sempre un piccolo dono, una premura, un'attenzione affettuosa, o anche una promessa solenne che non manterrà mai, del tipo: ti dà un banale passaggio in macchina, o un piccolo favore che non le costa niente, e poi ti dice: «Sai che puoi contare su di me in ogni momento» (ovviamente è falso). Diffidate dei doni della stronza: sono pegni velenosi.

If/Then (il ricatto morale)

Il ricatto morale è la legge naturale delle stronze.

If/Then – Se/Allora è lo schema che si adopera (anche nel programmare i computer) che indica la consequenzialità logica: «Se un solido viene immerso in un liquido, allora...». La stronza, naturalmente, ha una versione tutta sua di questa formula tecnica, flessibile e adatta per tutte le occasioni:

> «Se davvero mi vuoi bene, allora dovresti...» (richiesta manipolatoria).
>
> «Se pensi che sia giusto così, continua pure sulla tua strada...» (disapprovazione / minaccia).
>
> «Se mi lasci, mi uccido» (ricatto puro, aut aut).
>
> «Se nessuno mi aiuta, allora farò da sola» (richiesta di aiuto ricattatoria).
>
> «Se tutti facessero come te, il mondo...» (manipolazione morale).
>
> Eccetera eccetera.

Congedo: che la stronza sia con voi

Lo so, questo libro non vi ha reso più fiduciosi nell'Umanità, nell'Amicizia e nell'Amore. Ma se vi ha permesso di capire qualcosa di più sul mondo che vi circonda, o vi ha strappato almeno un sorriso, forse non sarà stato una lettura vana.

Io credo che scrivere il *Metodo antistronze* mi sia servito a mettere a fuoco il fatto che, nella vita, non sempre chi fa la voce grossa è la persona più pericolosa. E soprattutto, mi ha permesso di capire che anche dalle persone peggiori possiamo imparare qualcosa. D'altro canto, se le stronze non esistessero, gli stronzi avrebbero campo libero, e il mondo sarebbe troppo sbilanciato verso la prepotenza e l'insulto puro.

Ribadisco, per l'ultima volta, che il mio non è un libro misogino. Non solo non ce l'ho con le donne, ma posso sinceramente testimoniare che alcune delle stronze peggiori che ho incontrato in vita mia erano maschi, e che le vittime più numerose delle stronze si trovano tra le femmine.

E da ultimo, se volete proprio saperlo, scrivere questo libro non ha peggiorato il mio rapporto con le donne. Anzi, lo ha migliorato, mi ha insegnato a distinguere dove sono le vere amiche e le false. E ha migliorato il mio rapporto, già splendido, con mia moglie e le mie bambine.

Insomma, che la Stronza sia con voi, e arrivederci alla prossima.

Ringraziamenti

Alla fine di un libro di questo genere mi verrebbe da dire che c'è poco da ringraziare. In realtà, ringrazio tutte le donne (le *altre* donne) che, come ho già detto, sono le principali vittime delle stronze.

Un pensiero grato e riconoscente va a un Maestro di dottrina e di umorismo, che è stato anche il fondatore di un intero indirizzo scientifico: Paul Watzlawick. Credo che senza il suo *Istruzioni per rendersi infelici* questo *Metodo* non avrebbe mai visto la luce. Ma il messaggio fondamentale forse è: si può essere felici nonostante le stronze, nonostante tutto.

Indice

Questa parte di albero
è diventata libro
sotto i moderni torchi
di PuntoWeb, Ariccia (Rm)
nel mese di marzo 2009.
Possa un giorno
dopo aver compiuto il suo ciclo
presso gli uomini desiderosi di conoscenza
ritornare alla terra
e diventare nuovo albero.